Des cœurs & du love

XOXO

seize PARIS

PHOTOGRAPHIES DE CLARA FERRAND
ET RICHARD BOUTIN

Des cœurs & du love

MARABOUT

GIRLS
UNITE

SOMMAIRE

Cela ne fait plus aucun doute, la broderie est devenue une affaire de mode, et ce ne sont pas nos 25 apprenties hebdomadaires qui diront le contraire ! Parce que vous êtes de plus en plus nombreux à vous initier à ce savoir-faire désormais devenu véritable tendance, nous nous sommes amusés à concevoir un ouvrage créatif et ludique réunissant plus de 150 motifs à broder sans limites sur vos tee-shirts favoris.

Du petit mot d'amour à l'encolure bijoux en passant par les plaisirs de la food, les incontournables de la plage ou des fleurs, tous les motifs ont été imaginés par thèmes pour vous aider à trouver votre style et dessinés à taille réelle pour faciliter leur reproduction. À vous de jouer désormais et de ressortir les vieux tee-shirts qui s'entassent dans votre dressing (vous savez, ceux avec une tache de café ou qui vous ont lassé un peu trop vite) pour en faire des pièces de fashionista. Pour cela, rien de plus simple, il suffit de piocher parmi nos illustrations, de définir l'emplacement de votre choix et de sélectionner les coloris qui vous font envie pour faire souffler un vent de nouveauté sur vos basiques.

L'occasion rêvée de s'offrir un moment rien qu'à soi, au calme, pour s'approprier les techniques de base mais aussi les points plus avancés. Résultat ? Des pièces uniques qui vous ressemblent, mais que l'on a aussi plaisir à offrir (quoique !), le tout réalisé par vos soins, avec amour.
Il y a de quoi être fière, non ? !

Amusez-vous bien,
Claire

GUIDE D'UTILISATION DU PAPIER MAGIQUE

Le papier magique est translucide, il est très facile d'y reproduire les motifs de son choix.

1 - Placez le papier magique par-dessus le motif que vous souhaitez reproduire et repassez les contours à l'aide d'un crayon de papier. Découpez le papier magique en laissant une marge d'au moins 2 cm tout autour du motif.

2 - Placez le motif à l'endroit souhaité sur le tissu et maintenez le papier magique en place à l'aide d'épingles de couture, puis fixez-le temporairement en le cousant avec un point de bâti.
Le point de bâti est un point de base, facile à faire et à défaire :
- Piquez ensemble le tissu et le papier magique une fois par-dessus, une fois par-dessous tous les centimètres environ pour former un rond autour du motif.
- Fixez cette couture avec un nœud simple.

3 - C'est le moment de broder : suivez le motif reporté en piquant directement à travers le papier magique et la toile.

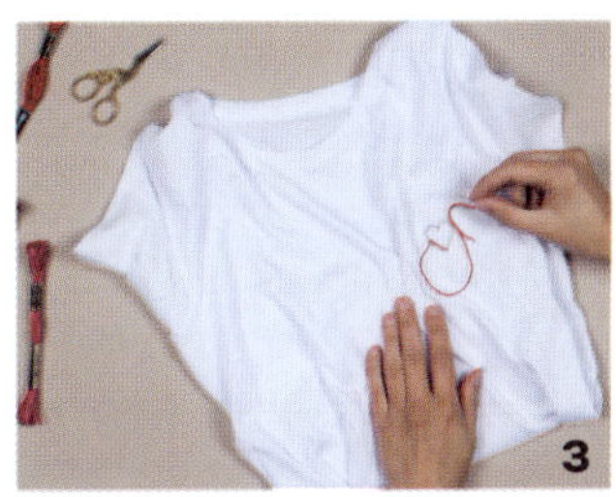

4 - Lorsque la broderie est terminée, coupez le fil de bâti et démontez délicatement la couture.
C'est le moment de faire disparaître le papier magique. Passez le tissu brodé sous un filet d'eau froide et regardez le papier se dissoudre à vue d'œil. S'il reste de petits résidus, frottez délicatement jusqu'à ce que le papier magique soit entièrement dissous.

La broderie est terminée… Magique !

PHOTO BOOK

PAGES 8 À 29

Amoureuse

Coeur fragile à la tête dure

MOTS & MANTRAS

MOTS PAGES
32 À 39

FLEURS

MOTIFS
PAGES 40 À 43

GOURMANDISES

MOTIFS PAGES
44 À 47

ANIMAUX

MOTIFS
PAGES 48 À 51

MOTS & MANTRAS

MOTS
PAGES 32 À 39

GIRLS
UNITE

FANTAISIES

MOTIFS

PAGES 52 À 55

FLEURS
MOTIFS
PAGES 40 À 43

ŒIL

MOTIFS
PAGES 56 & 57

DON'T LOOK BACK

PLAGE

MOTIFS
PAGES 58 À 61

BIJOUX

MOTIFS
PAGES 62 & 63

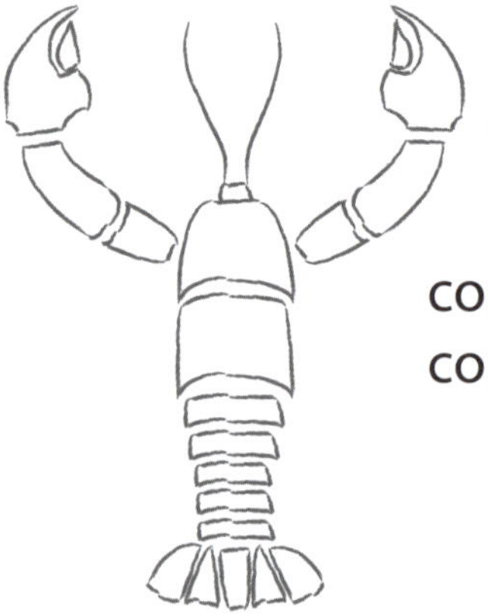

couic
couic

MOTIFS À BRODER

PAGES 30 À 65

Pour toutes les réalisations présentées dans le photobook, nous vous indiquons le nombre de brins de mouliné ainsi que le coloris. Pour tous les autres motifs, laissez parler votre créativité.

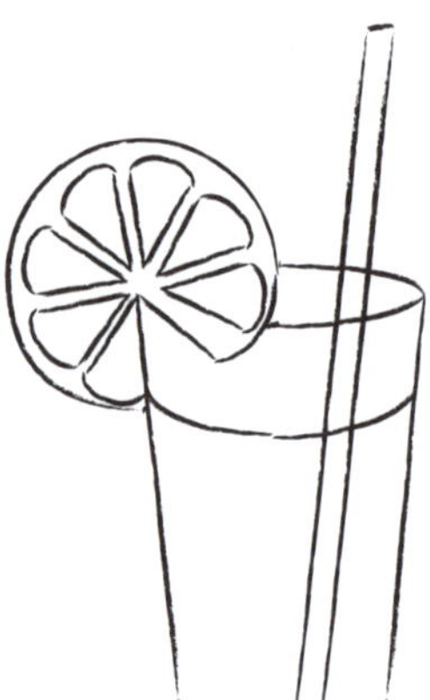

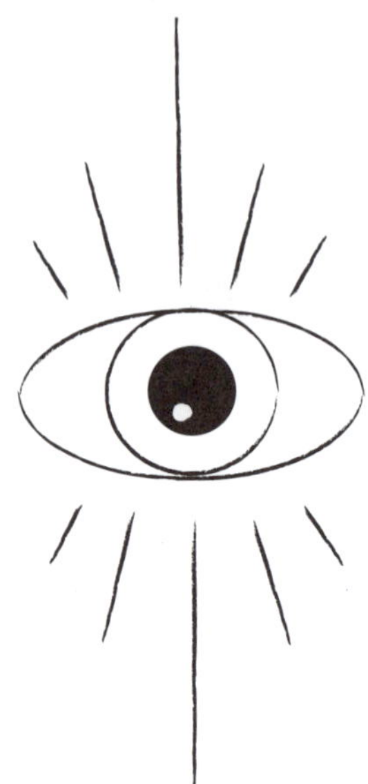

Bride
to Be

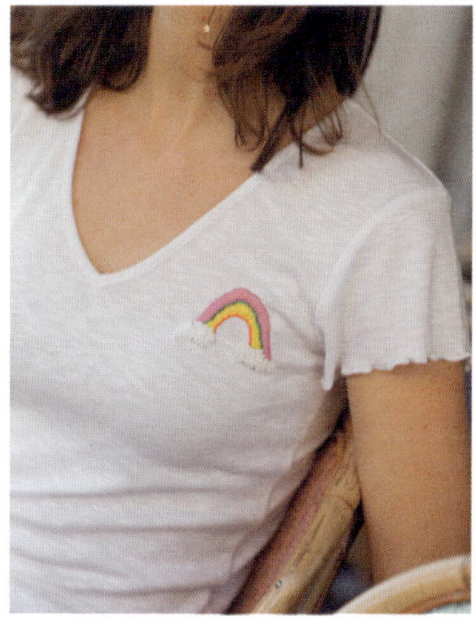

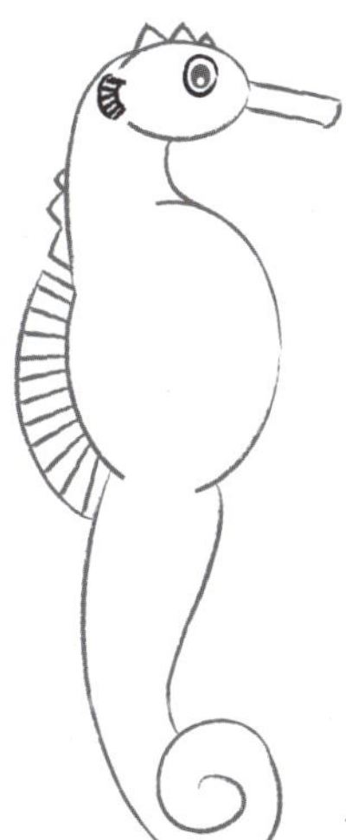

MOTS & MANTRAS

PHOTOS PAGES
10 & 11, 18 & 19

Passé empiétant 3 brins, 606

Passé empiétant 3 brins, 3833

Passé empiétant 3 brins, 21

Passé empiétant 3 brins, 3064

Passé empiétant 3 brins, 353

GIRLS

UNITE

Point de tige 3 brins, 606

FLY ME TO THE MOON

Point de tige

Cœur fragile à la tête dure

Point arrière 2 brins, 310

Point de tige

LET'S HAVE A

Point de tige
2 brins, 815

Amoureuse

HELLO
BEAUTIFUL

Point de piqûre

Point de tige

Point de tige

AS FREE AS THE OCEAN

Point arrière
3 brins, 311

HI AGAIN

Point de tige

Point de tige

Still love you

édition limitée

Point de tige

Hugs & kisses

Point de piqûre

Bride to Be

Imagine

Point de chaînette

Point de chaînette

Point de piqûre

Fallait pas commencer

BREATH

Point de tige

Point arrière

FE
MI
NI
ST

Point arrière

Point de tige

Passé plat

RELAX

Point arrière

forever ever

Point de tige

SANS VALENTIN

Point de tige — Madeleine de Proust

dancing queen — Point arrière

Point de chaînette — Mum to be

PARTNER IN CRIME — Point de chaînette

Point de tige — GREEN IS THE NEW BLACK

Killing me softly — Point de chaînette

Point de tige
Point de sable
Point avant
Point de tige
Point arrière
Point de chaînette
Point de tige
Point de tige
Point de sable
Point de tige
Point arrière
Point avant rebrodé
Point de bouclette
Point arrière
Point arrière
Point de nœud
Point de chaînette
Passé empiétant
Passé plat
Point arrière
Point de sable
Point de nœud
Point de tige
Point de bouclette
Point de tige
Point avant
Point avant rebrodé
Point de tige
Point de chaînette
Point arrière
Point de bouclette

Pour broder un mot ou phrase avec cet abécédaire en minuscule, il vaut mieux utiliser des points de ligne, comme le point de tige, le point arrière ou le point avant. La broderie sera plus facile à réaliser... et plus lisible.

FLEURS

PHOTOS
PAGES 22 & 23

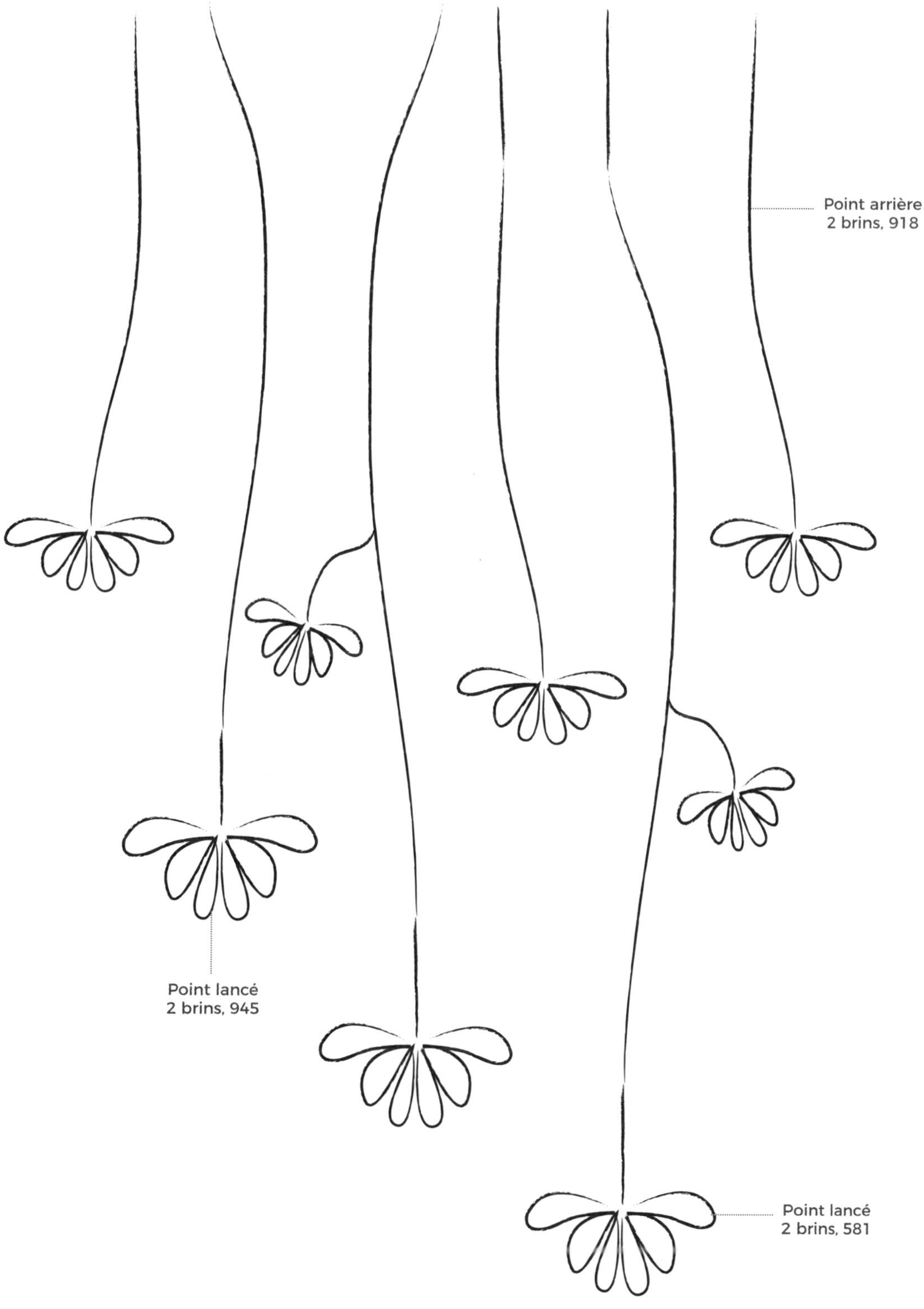
Point arrière
2 brins, 918
Point lancé
2 brins, 945
Point lancé
2 brins, 581

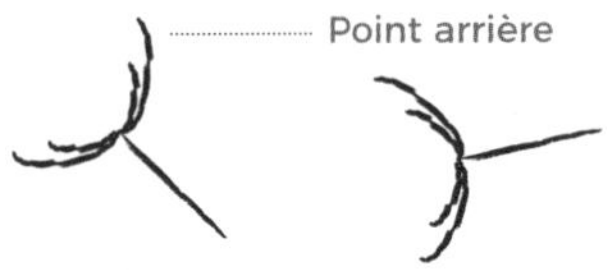
Point arrière

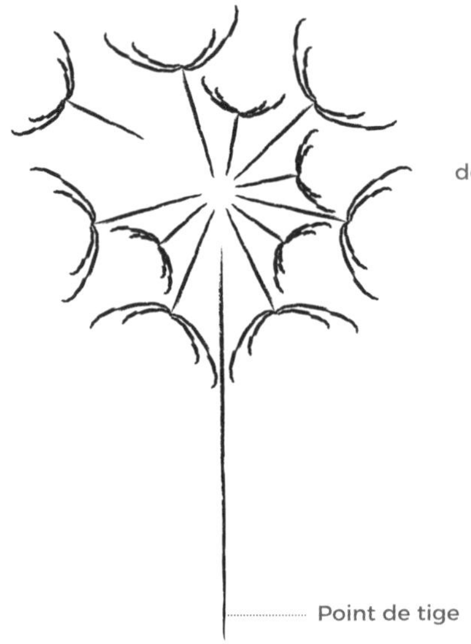
Point de tige

Point de tige
Point de couchure

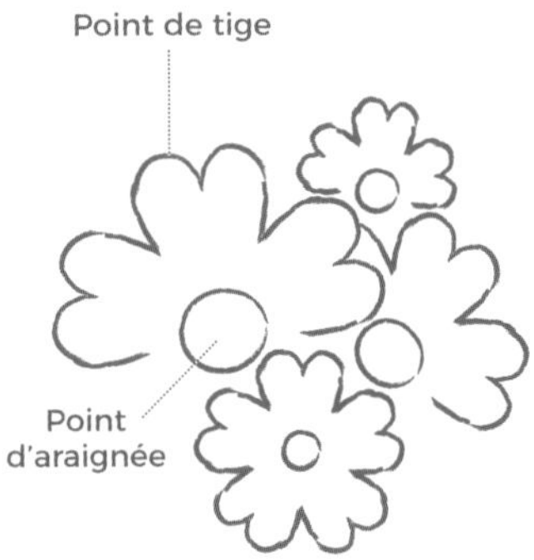
Point de tige
Point d'araignée

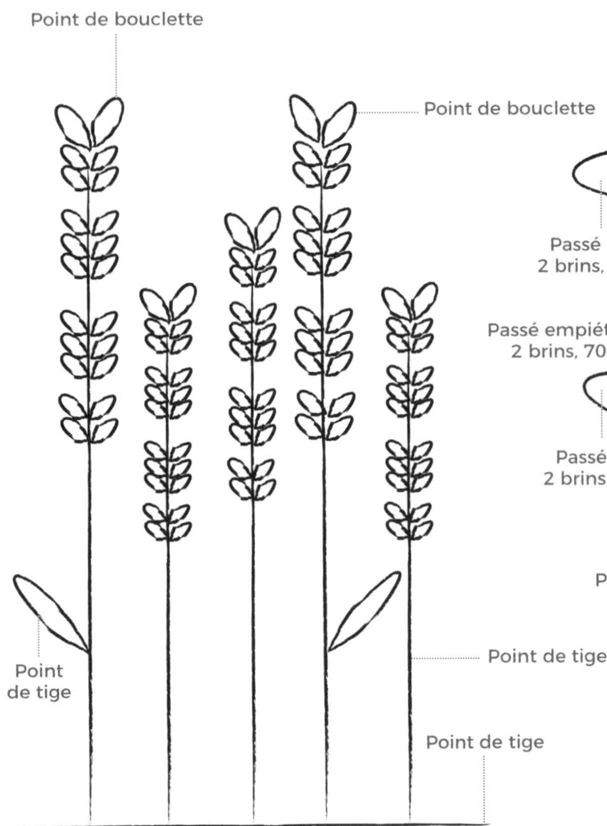
Point de bouclette
Point de bouclette
Point de tige
Point de tige
Point de tige

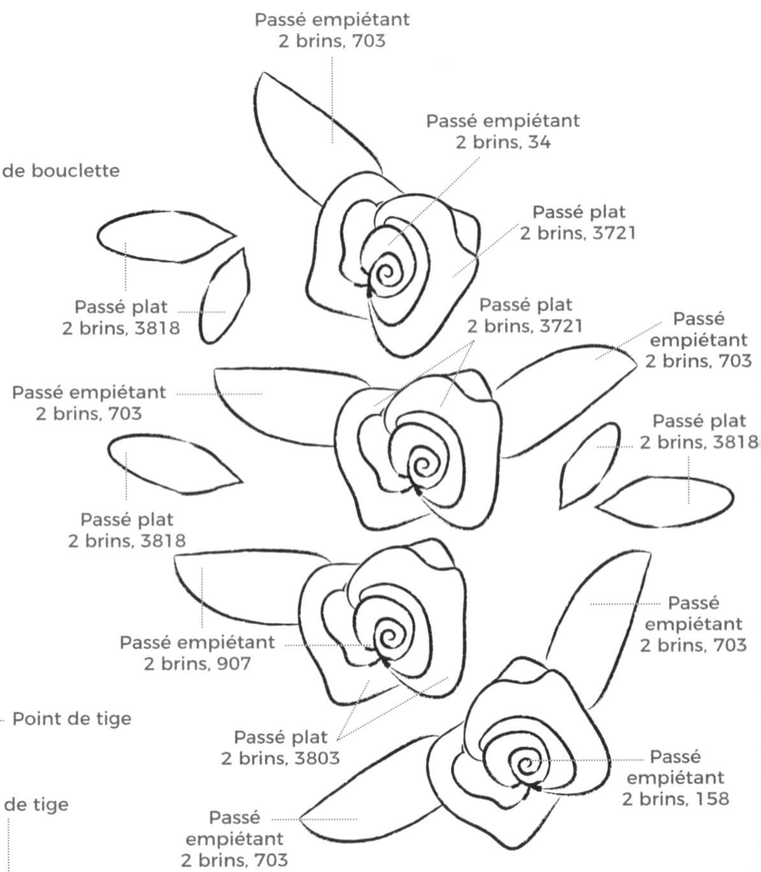
Passé empiétant
2 brins, 703
Passé empiétant
2 brins, 34
Passé plat
2 brins, 3721
Passé plat
2 brins, 3818
Passé plat
2 brins, 3721
Passé empiétant
2 brins, 703
Passé empiétant
2 brins, 703
Passé plat
2 brins, 3818
Passé plat
2 brins, 3818
Passé empiétant
2 brins, 907
Passé empiétant
2 brins, 703
Passé plat
2 brins, 3803
Passé empiétant
2 brins, 158
Passé empiétant
2 brins, 703

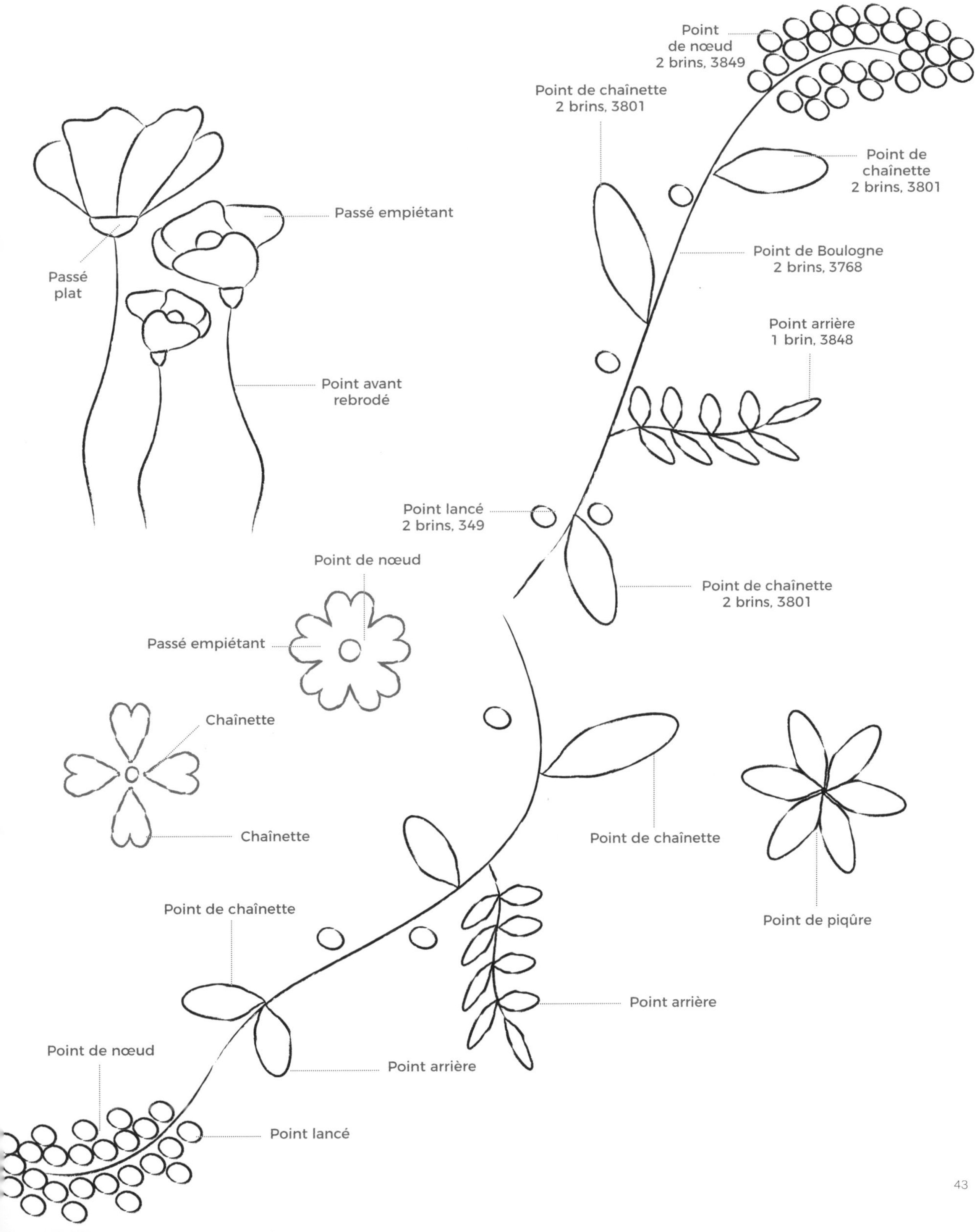
Point
de nœud
2 brins, 3849
Point de chaînette
2 brins, 3801
Point de
chaînette
2 brins, 3801
Passé empiétant
Passé
plat
Point de Boulogne
2 brins, 3768
Point arrière
1 brin, 3848
Point avant
rebrodé
Point lancé
2 brins, 349
Point de nœud
Point de chaînette
2 brins, 3801
Passé empiétant
Chaînette
Chaînette
Point de chaînette
Point de piqûre
Point de chaînette
Point arrière
Point arrière
Point de nœud
Point lancé

GOURMANDISES

PHOTOS
PAGES 14 & 15

Passé plat
Point de tige
Passé plat
Point
de tige
Passé empiétant
Point de tige
Point de tige
Passé plat
Passé plat
Point arrière
Point de poste
Passé empiétant
Point de tige
Point de tige
Point de nœud
Point de tige
Point de tige
de remplissage
Point d'arête
Point d'araignée
Passé empiétant
Point de
bouclette
Point de tige
de remplissage
Point d'arête
Passé plat
Passé
empiétant

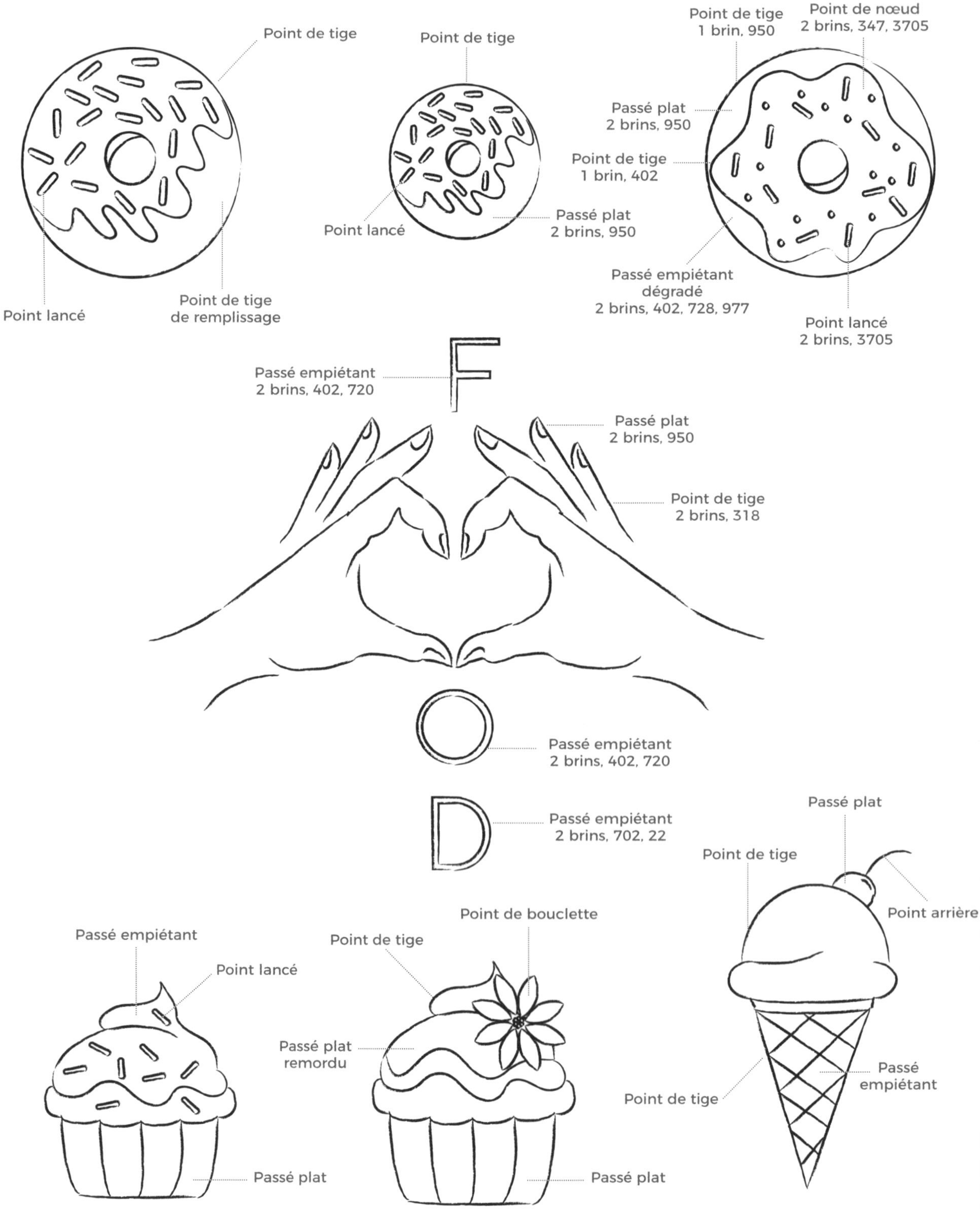
Point de tige
Point lancé
Point de tige
de remplissage
Point de tige
Point lancé
Passé plat
2 brins, 950
Point de tige
1 brin, 950
Point de nœud
2 brins, 347, 3705
Passé plat
2 brins, 950
Point de tige
1 brin, 402
Passé empiétant
dégradé
2 brins, 402, 728, 977
Point lancé
2 brins, 3705
Passé empiétant
2 brins, 402, 720
Passé plat
2 brins, 950
Point de tige
2 brins, 318
Passé empiétant
2 brins, 402, 720
Passé empiétant
2 brins, 702, 22
Passé empiétant
Point lancé
Passé plat
Point de bouclette
Point de tige
Passé plat
remordu
Passé plat
Passé plat
Point de tige
Point arrière
Point de tige
Passé
empiétant
Point de tige

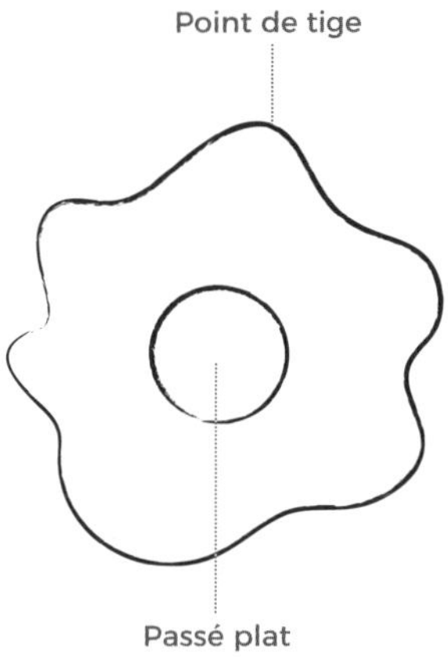
Point de tige
Passé plat

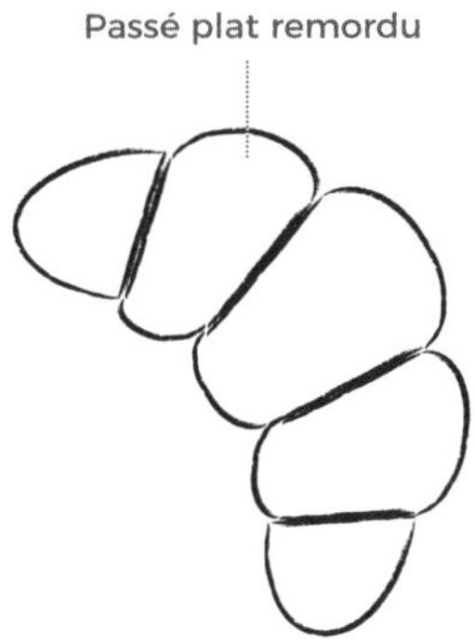
Passé plat remordu

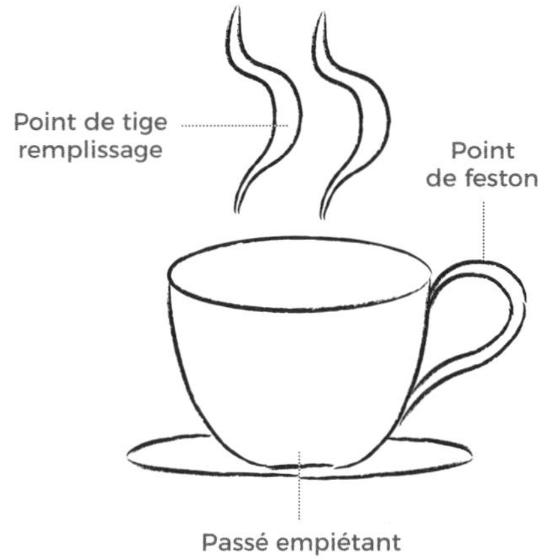
Point de tige remplissage
Point de feston
Passé empiétant

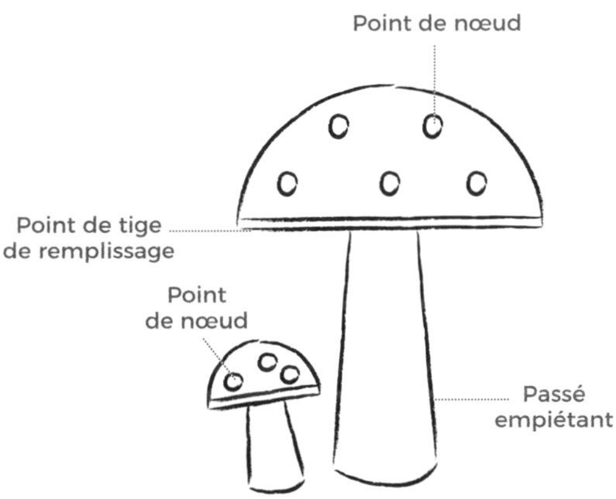
Point de nœud
Point de tige de remplissage
Point de nœud
Passé empiétant

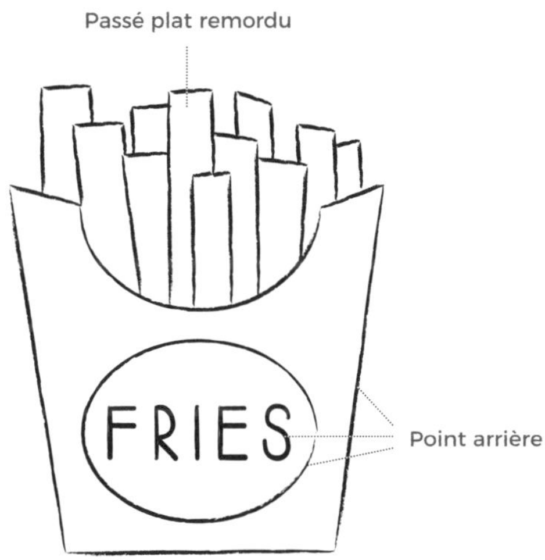
Passé plat remordu
FRIES
Point arrière

Passé plat remordu
Point de tige

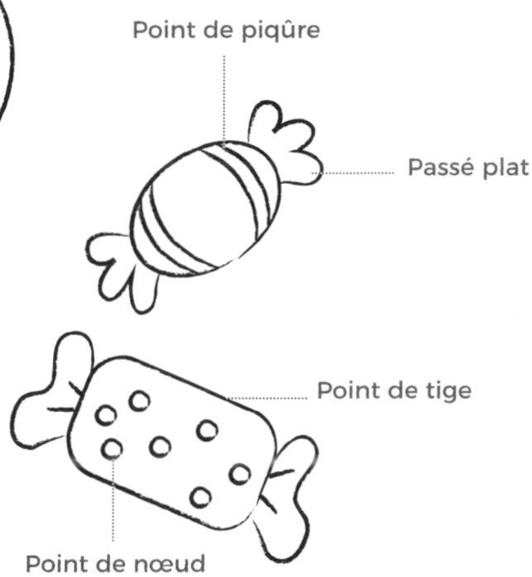
Point de piqûre
Passé plat
Point de tige
Point de nœud

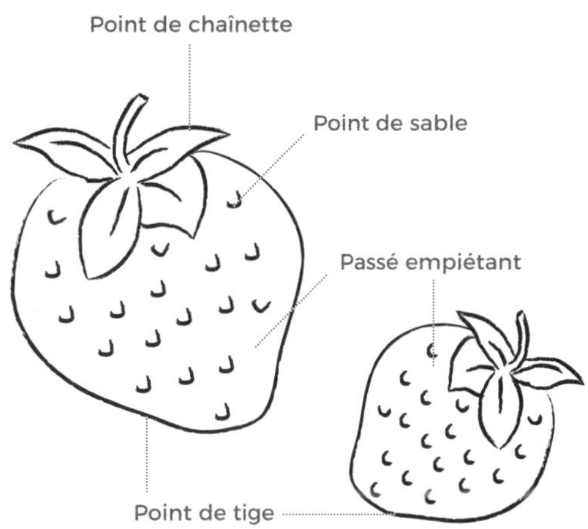
Point de chaînette
Point de sable
Passé empiétant
Point de tige

ANIMAUX

PHOTOS
PAGES 16 & 17

Passé plat
Passé empiétant
Point de tige

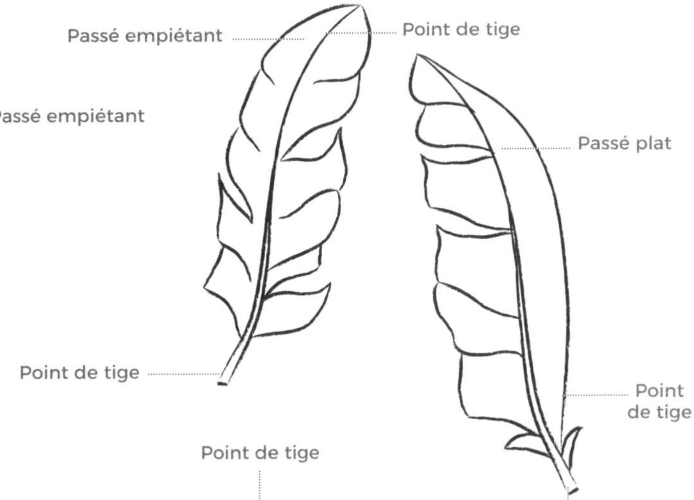
Passé empiétant
Point de tige
Passé plat
Point de tige
Point de tige

Passé plat
Point de nœud
Point de tige
Point de tige

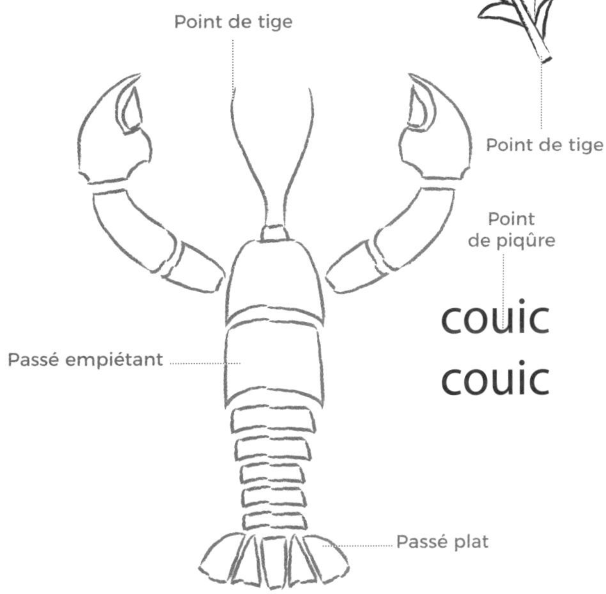
Point de tige
Point de tige
Point de piqûre
couic
couic
Passé empiétant
Passé plat

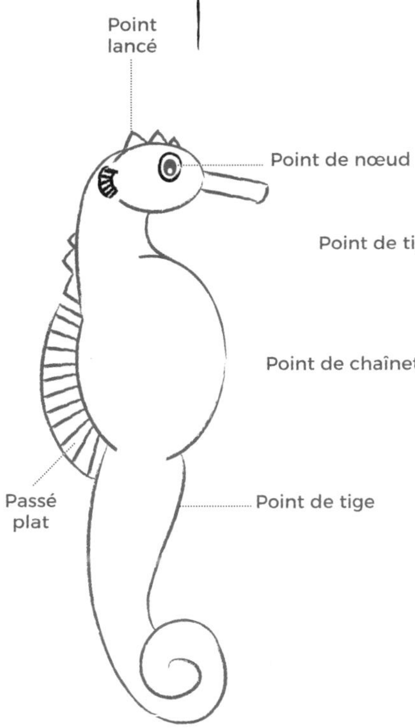
Point lancé
Point de nœud
Passé plat
Point de tige

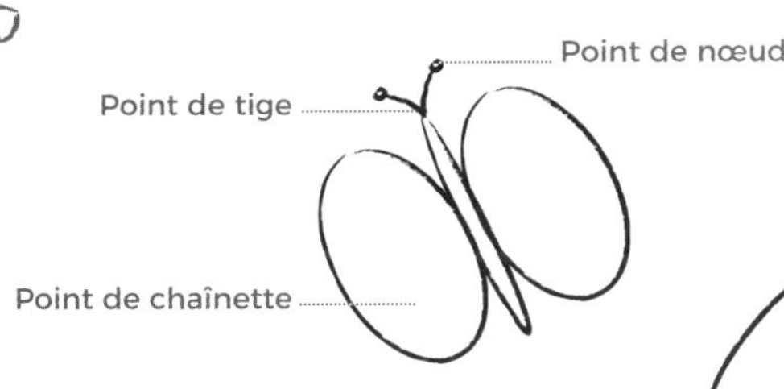
Point de nœud
Point de tige
Point de chaînette

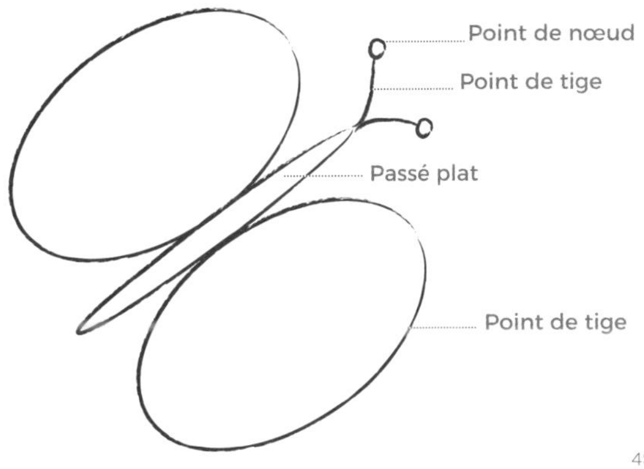
Point de nœud
Point de tige
Passé plat
Point de tige

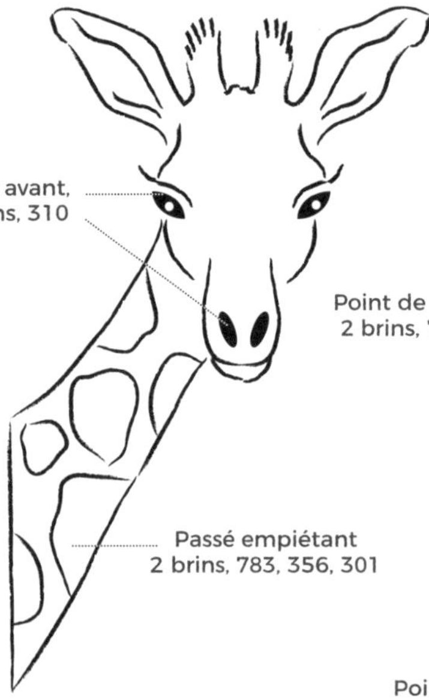
Point arrière
2 brins, 783
Point avant,
2 brins, 310
Passé empiétant
2 brins, 783, 356, 301

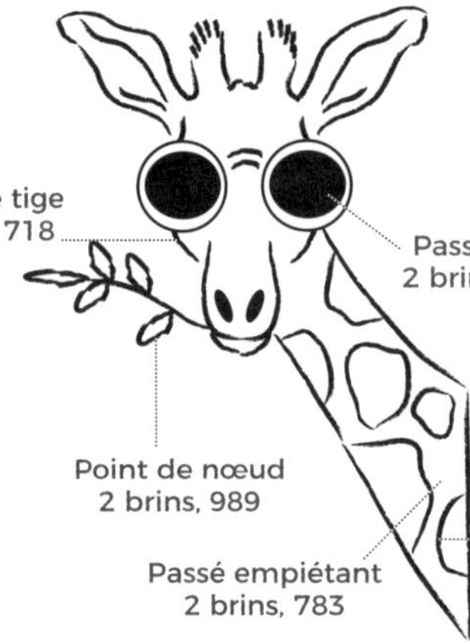
Point de tige
2 brins, 718
Passé plat
2 brins, 310
Point de nœud
2 brins, 989
Passé empiétant
2 brins, 783
Point arrière
2 brins, 301

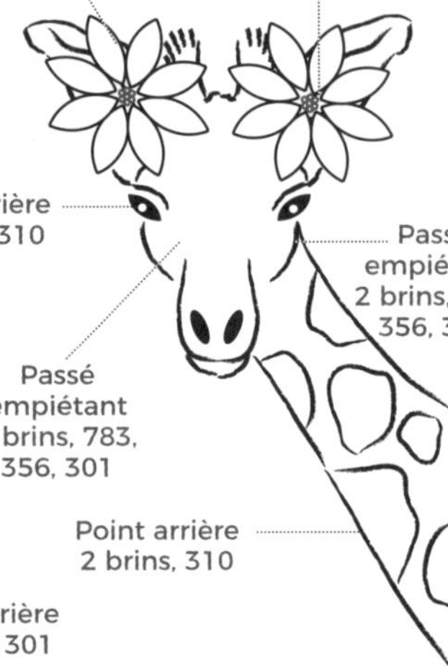
Point de bouclette
2 brins, 754
Point de nœud
2 brins, 754
Point arrière
2 brins, 310
Passé
empiétant
2 brins, 783, 356, 301
Passé
empiétant
2 brins, 783,
356, 301
Point arrière
2 brins, 310

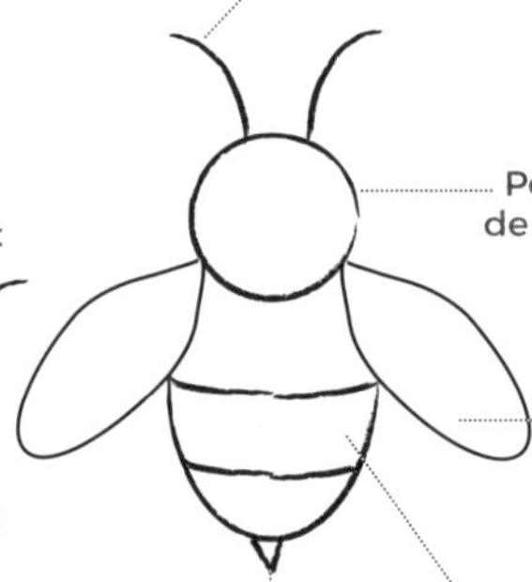
Point de
piqûre
Point de tige
de remplissage
Point d'arête
Passé
empiétant
Point
lancé

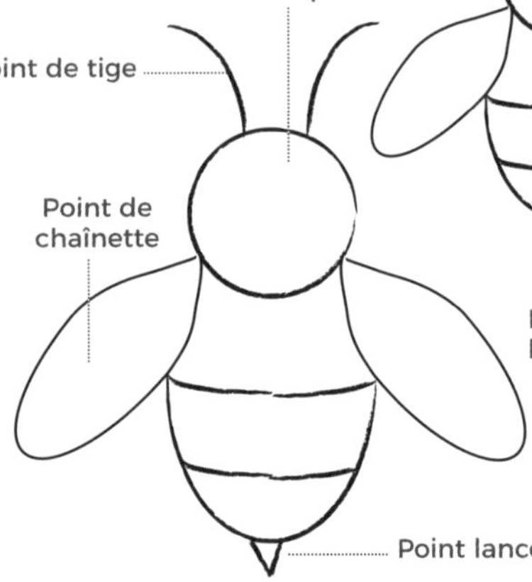
Passé plat
Point de tige
Point de
chaînette
Point lancé

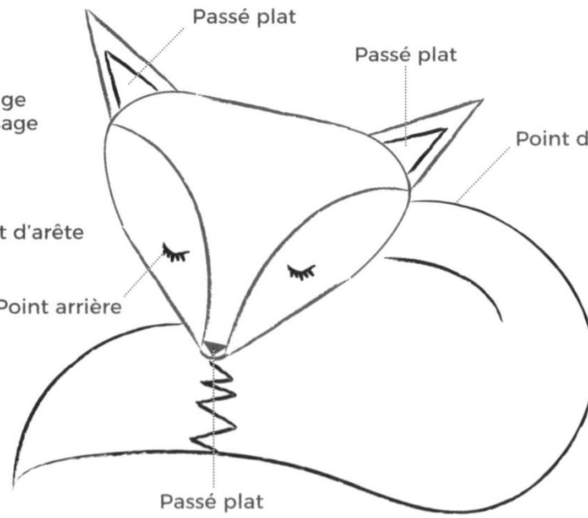
Passé plat
Passé plat
Point de tige
Point arrière
Passé plat

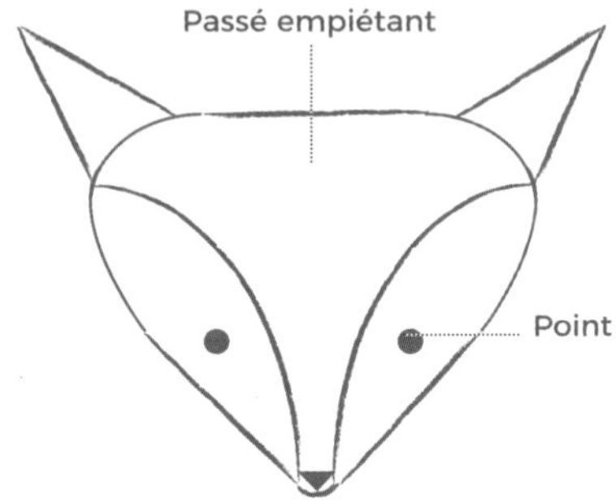
Passé empiétant
Point de nœud

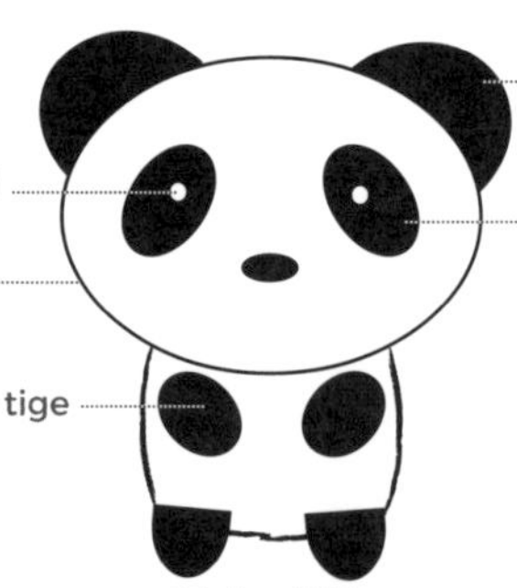
Point de poste
Point de nœud
Passé plat
Point de tige
Point de tige
2 brins, 310

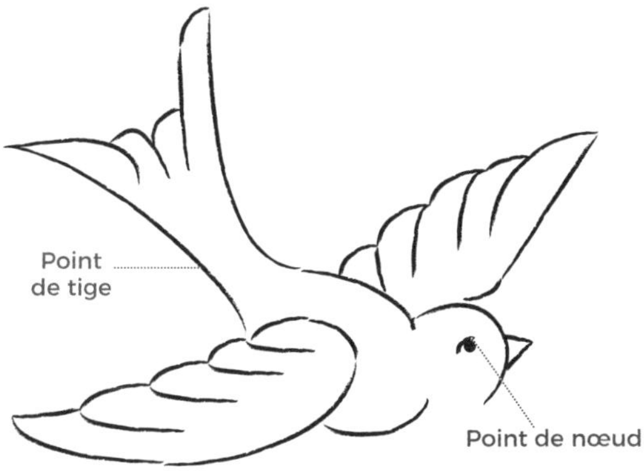
Point de tige
Point de nœud

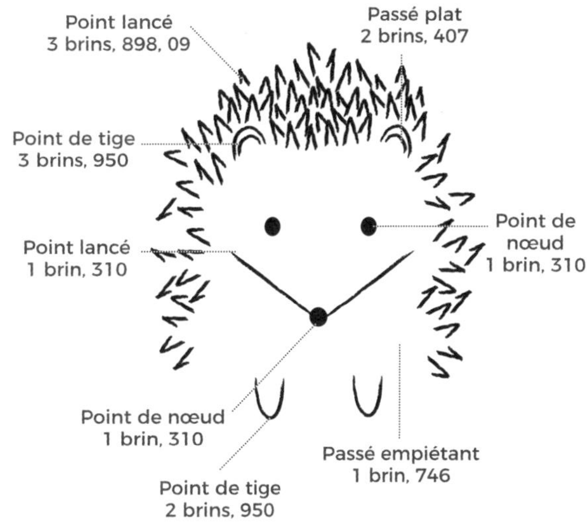
Point lancé
3 brins, 898, 09
Passé plat
2 brins, 407
Point de tige
3 brins, 950
Point lancé
1 brin, 310
Point de nœud
1 brin, 310
Point de nœud
1 brin, 310
Passé empiétant
1 brin, 746
Point de tige
2 brins, 950

Point de tige

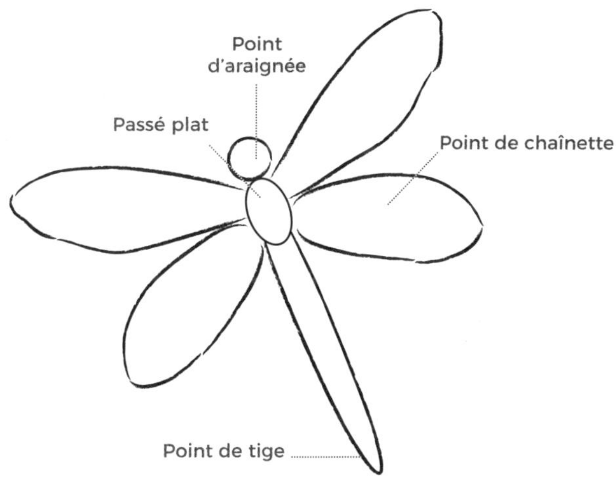
Point d'araignée
Passé plat
Point de chaînette
Point de tige

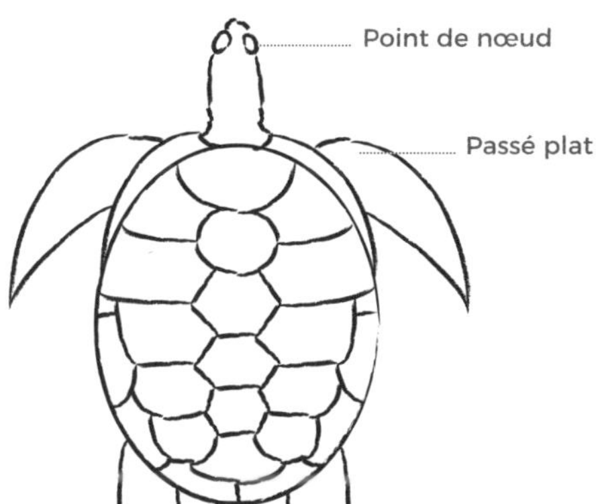
Point de nœud
Passé plat
Point lancé

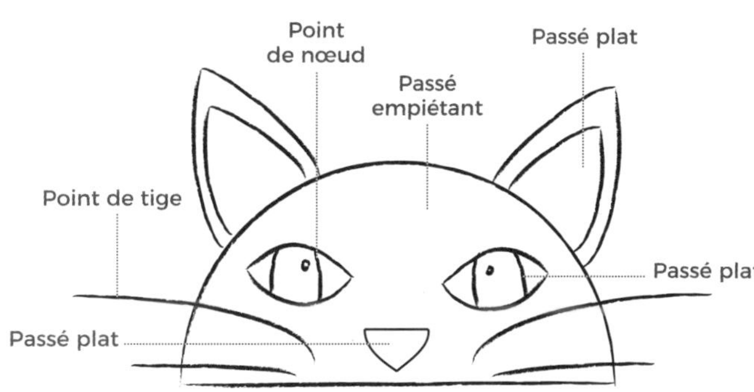
Point de nœud
Passé plat
Passé empiétant
Point de tige
Passé plat
Passé plat

FANTAISIES

PHOTOS
PAGES 20 & 21

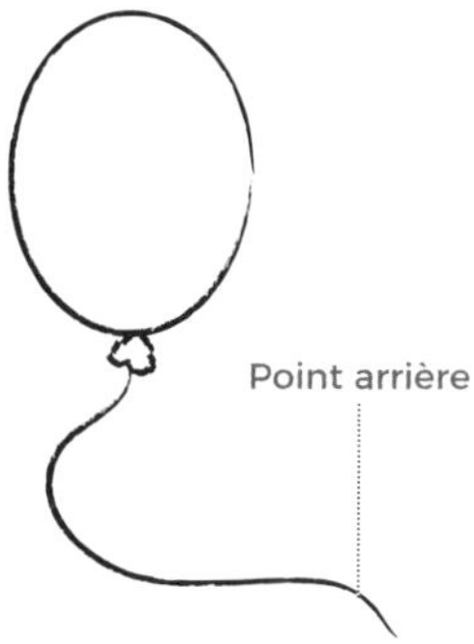
Point arrière

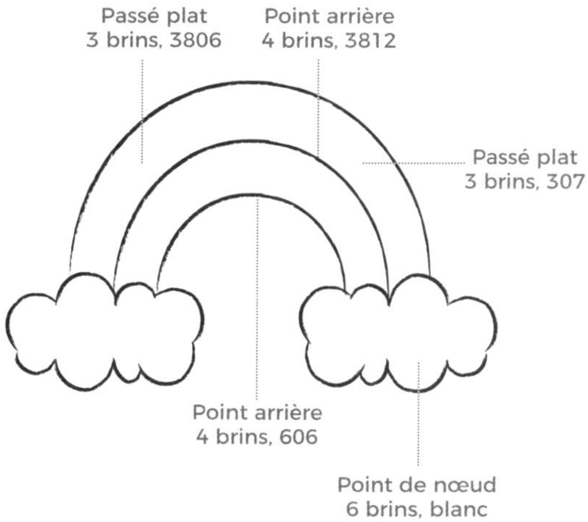
Passé plat
3 brins, 3806
Point arrière
4 brins, 3812
Passé plat
3 brins, 307
Point arrière
4 brins, 606
Point de nœud
6 brins, blanc

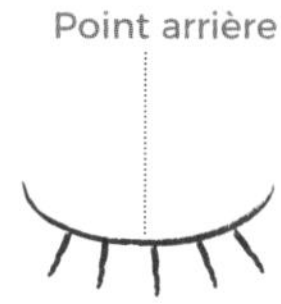
Point arrière

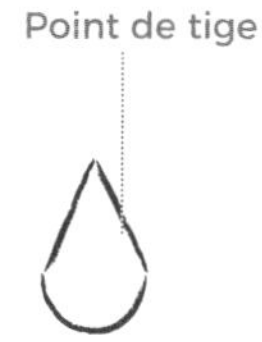
Point de tige

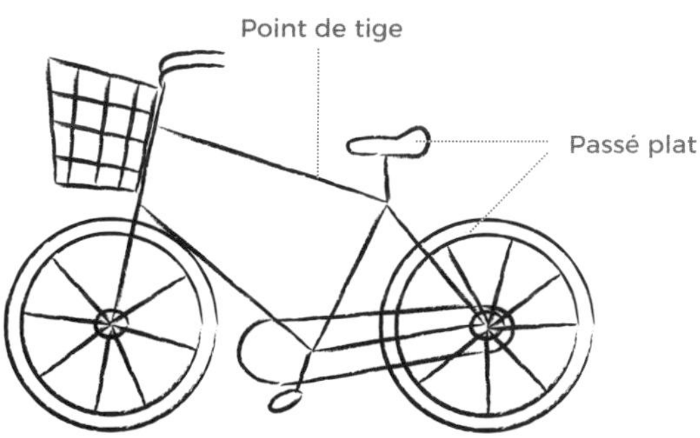
Point de tige
Passé plat

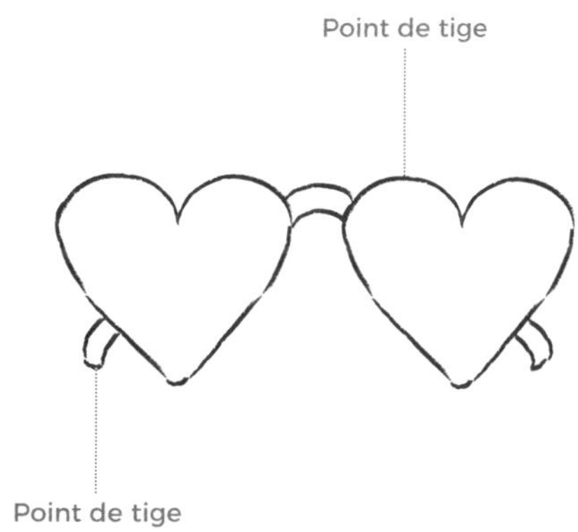
Point de tige
Point de tige

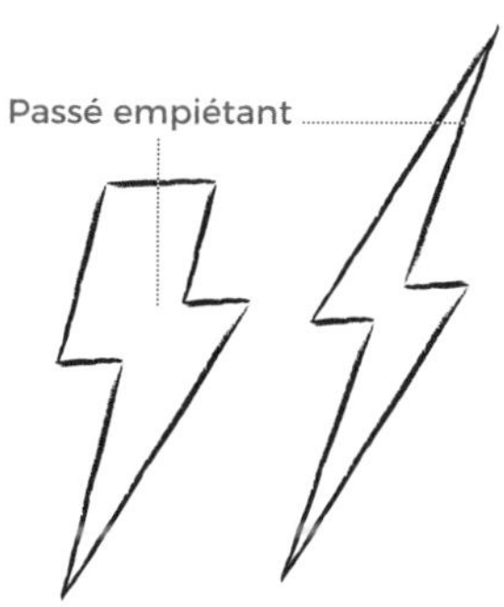
Passé empiétant

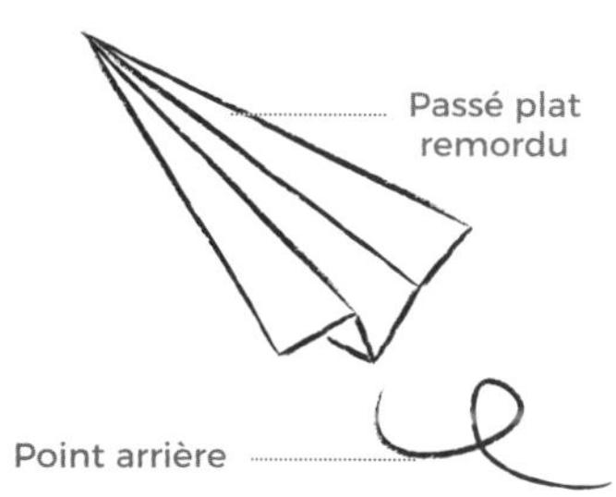
Passé plat
remordu
Point arrière

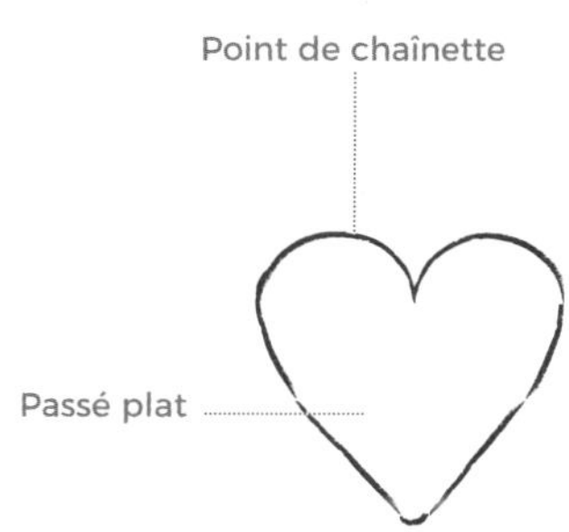
Point de chaînette
Passé plat

Passé plat
Point de tige

Point arrière
Passé plat remordu

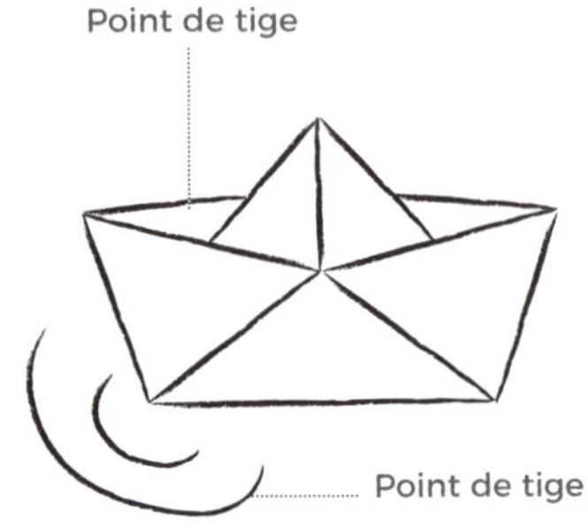
Point de tige
Point de tige

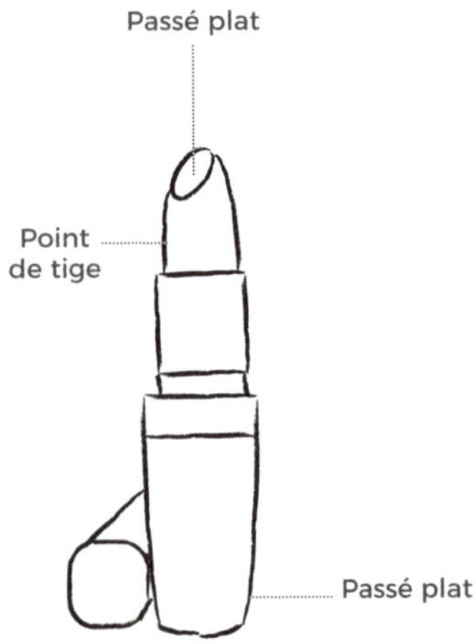
Passé plat
Point
de tige
Passé plat

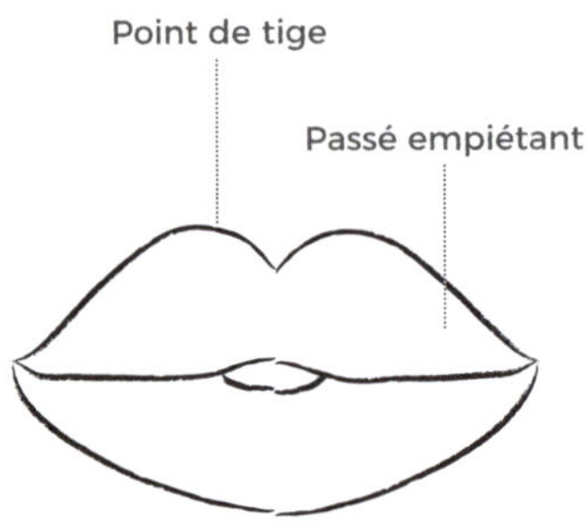
Point de tige
Passé empiétant

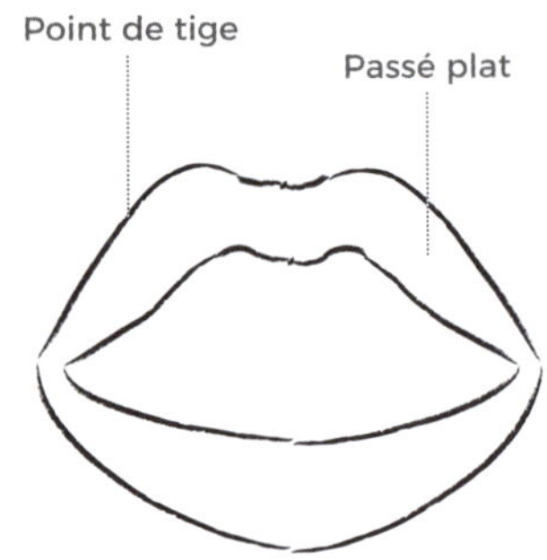
Point de tige
Passé plat

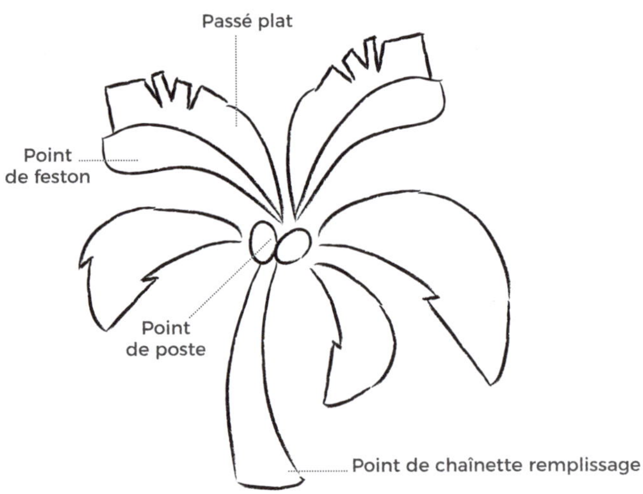
Passé plat
Point
de feston
Point
de poste
Point de chaînette remplissage

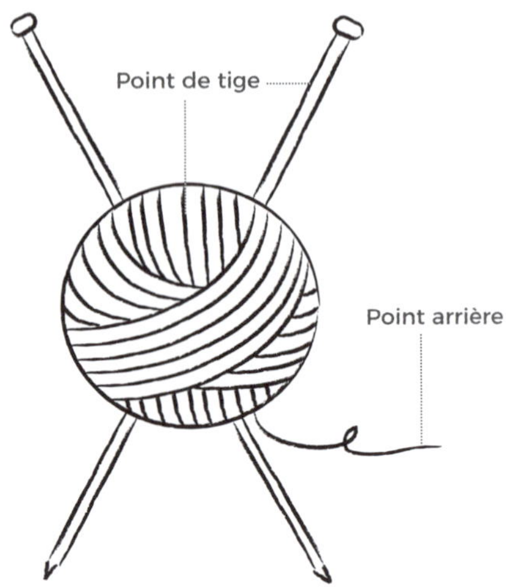
Point de tige
Point arrière

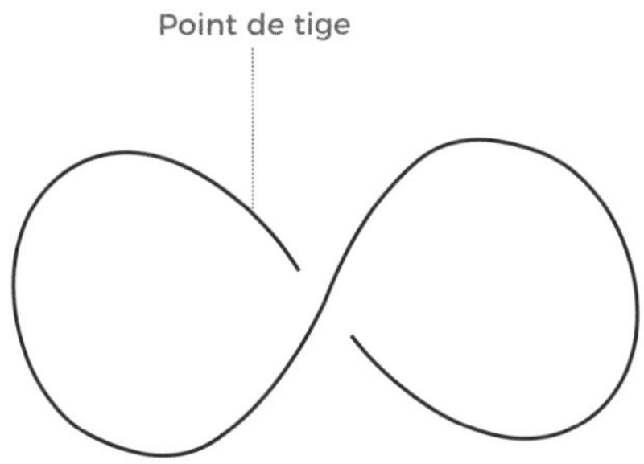
Point de tige

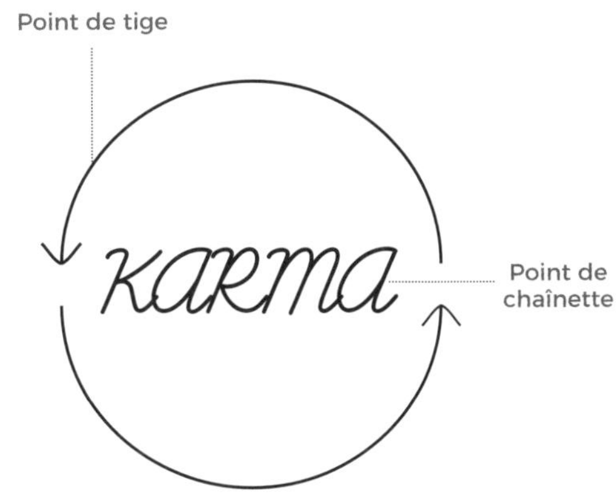
Point de tige
KARMA
Point de chaînette

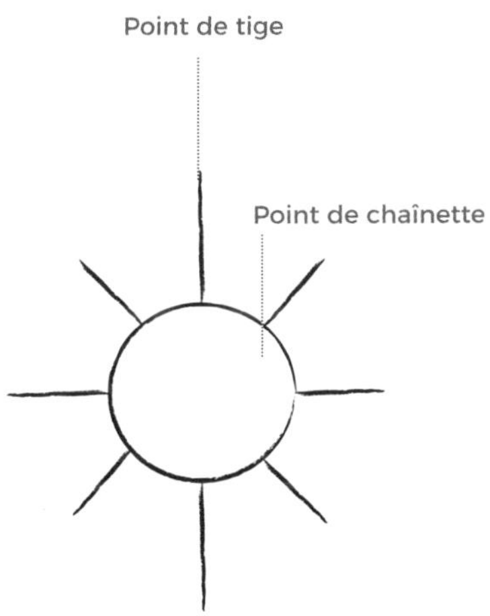
Point de tige
Point de chaînette

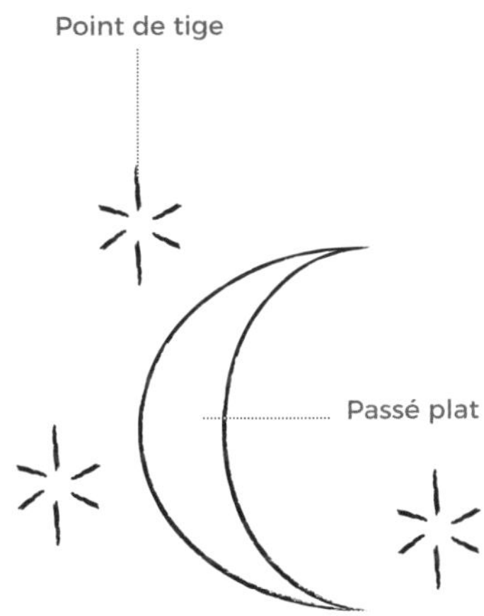
Point de tige
Passé plat

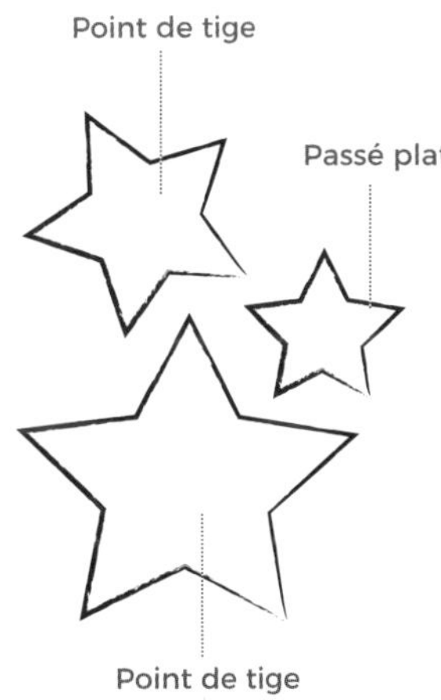
Point de tige
Passé plat
Point de tige

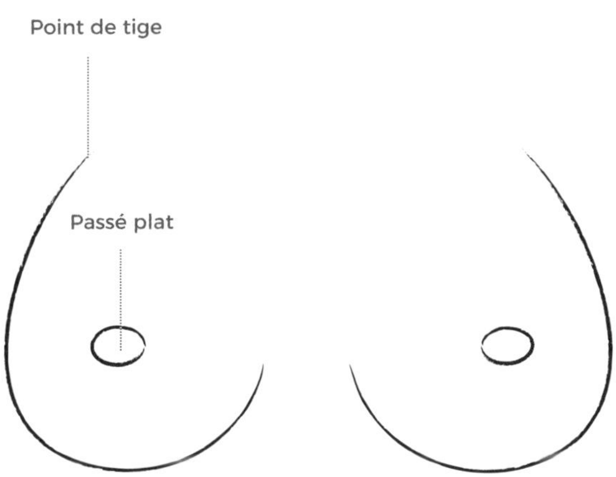
Point de tige
Passé plat

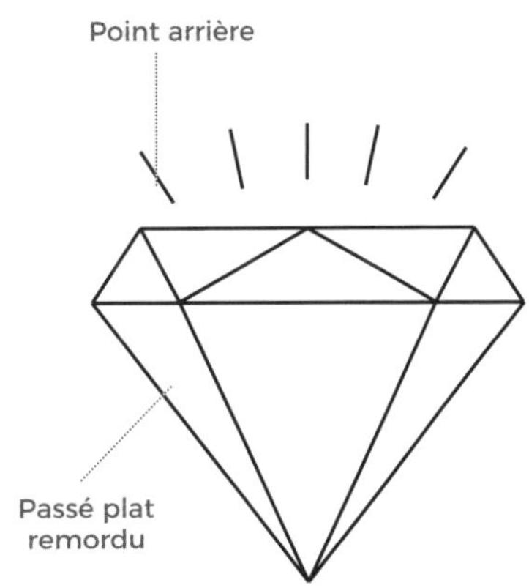
Point arrière
Passé plat remordu

ŒIL

PHOTOS
PAGES 24 & 25

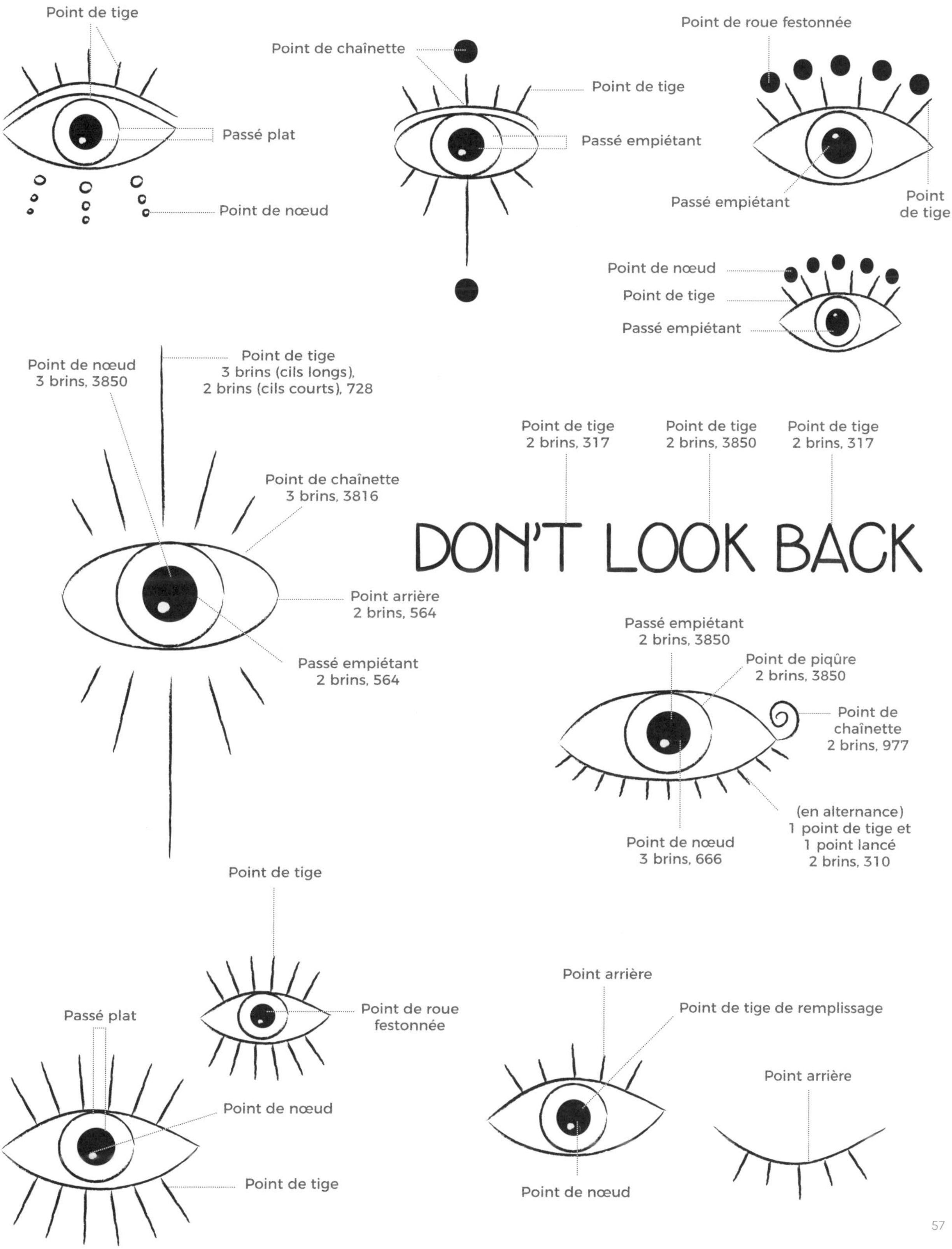
Point de tige
Passé plat
Point de nœud
Point de chaînette
Point de tige
Passé empiétant
Point de roue festonnée
Passé empiétant
Point de tige
Point de nœud
Point de tige
Passé empiétant
Point de nœud
3 brins, 3850
Point de tige
3 brins (cils longs),
2 brins (cils courts), 728
Point de chaînette
3 brins, 3816
Point arrière
2 brins, 564
Passé empiétant
2 brins, 564
Point de tige
2 brins, 317
Point de tige
2 brins, 3850
Point de tige
2 brins, 317
DON'T LOOK BACK
Passé empiétant
2 brins, 3850
Point de piqûre
2 brins, 3850
Point de chaînette
2 brins, 977
(en alternance)
1 point de tige et
1 point lancé
2 brins, 310
Point de nœud
3 brins, 666
Point de tige
Point de roue festonnée
Passé plat
Point de nœud
Point de tige
Point arrière
Point de tige de remplissage
Point arrière
Point de nœud

PLAGE

PHOTOS
PAGES 26 & 27

Point de tige
Passé empiétant
Point de tige
Point de chaînette
Point de chaînette
Saint-Malo lover
Point arrière
Passé empiétant
Point lancé
Passé empiétant
Point arrière
Passé plat remordu
Point de tige de remplissage
Point arrière
Passé empiétant

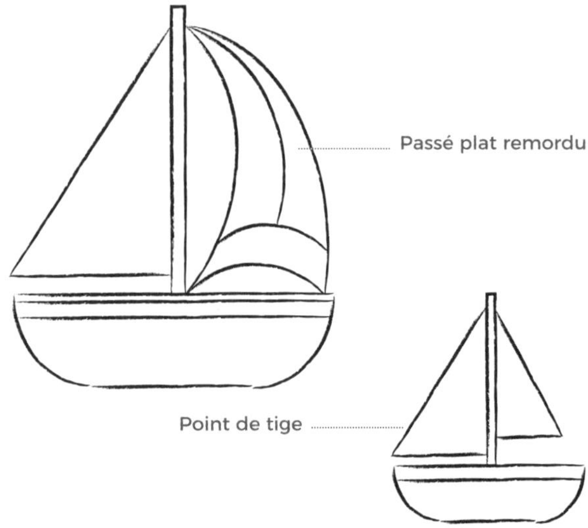

Point arrière
2 brins, 3816

Seymour Ceylan

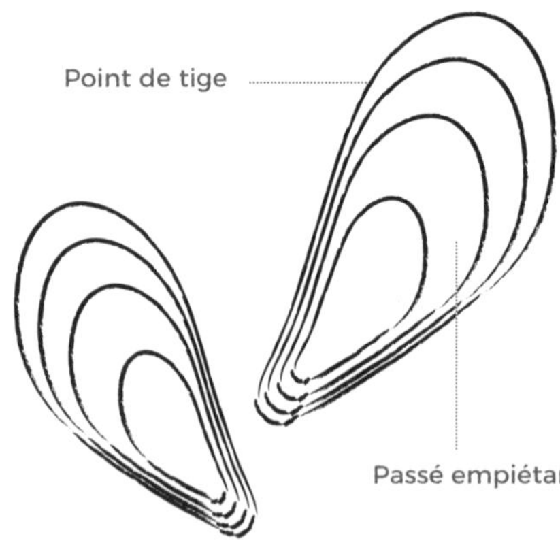

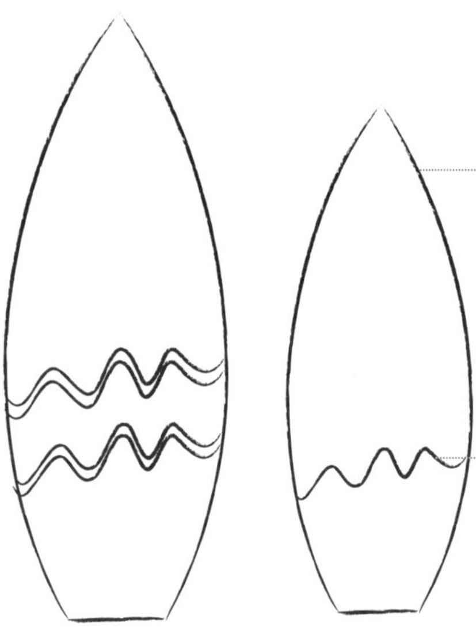

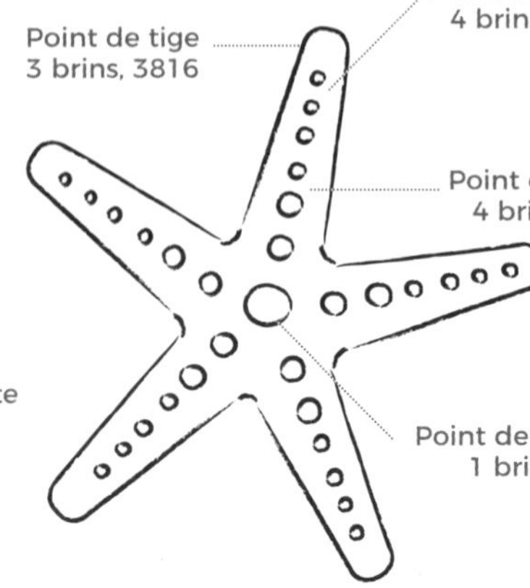

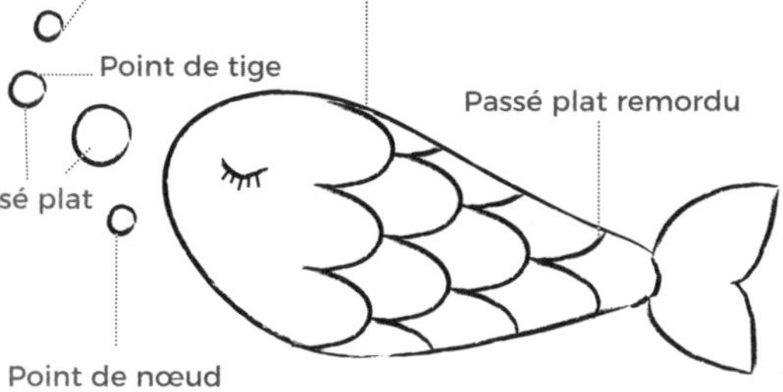
Point de nœud
Point de tige
Point de tige
Passé plat remordu
sé plat
Point de nœud

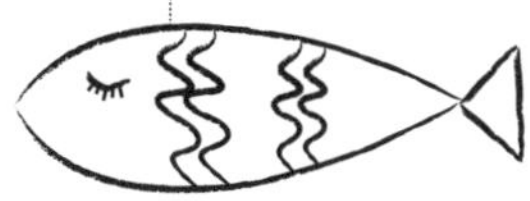
Point de tige

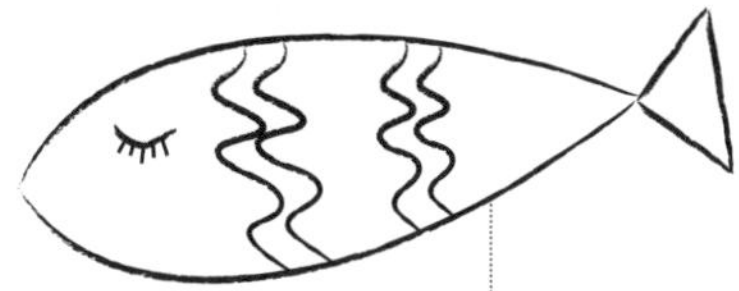
Point de tige

Point de tige
Point de nœud
Point de bouclette

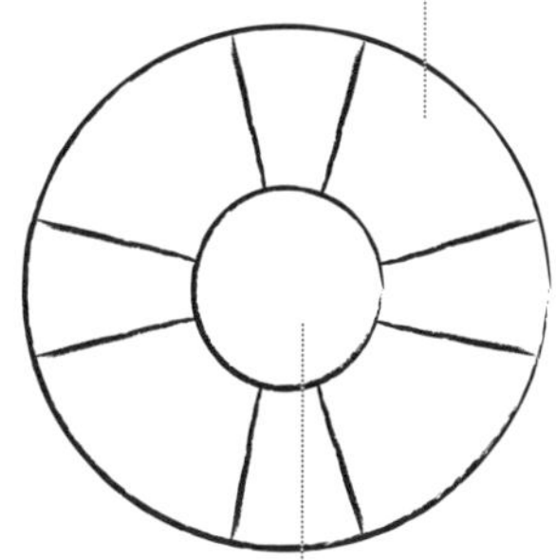
Point de feston
Point de tige de remplissage

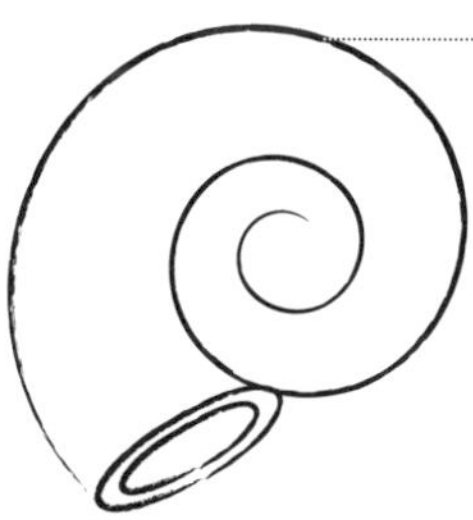
Passé plat remordu

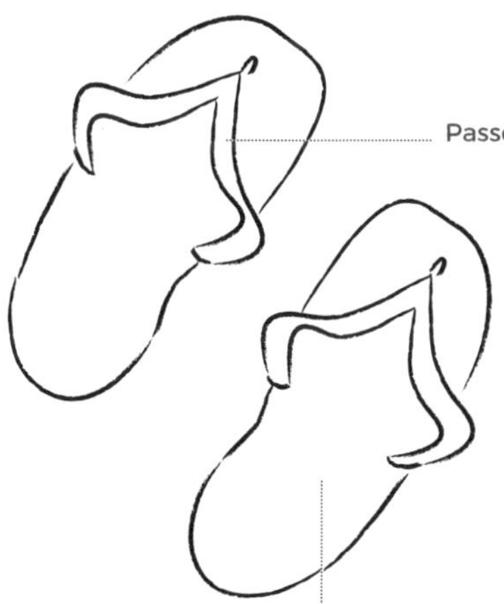
Passé empiétant
Passé empiétant

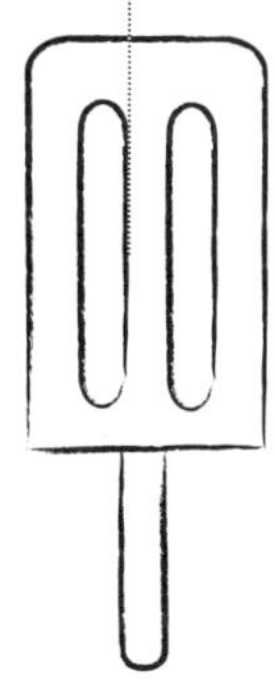
Passé empiétant

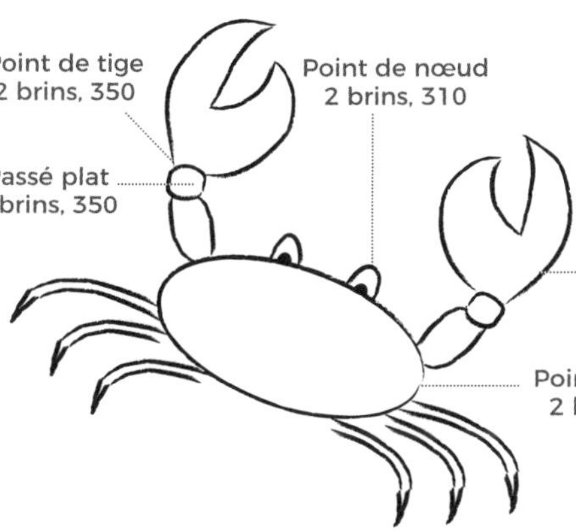
Point de tige
2 brins, 350
Point de nœud
2 brins, 310
Passé plat
2 brins, 350
Passé empiétant
2 brins sur 4 rangs,
22, 347, 349, 666
Point de tige
2 brins, 22

Point de chaînette
Passé plat

BIJOUX

PHOTOS
PAGES 28 & 29

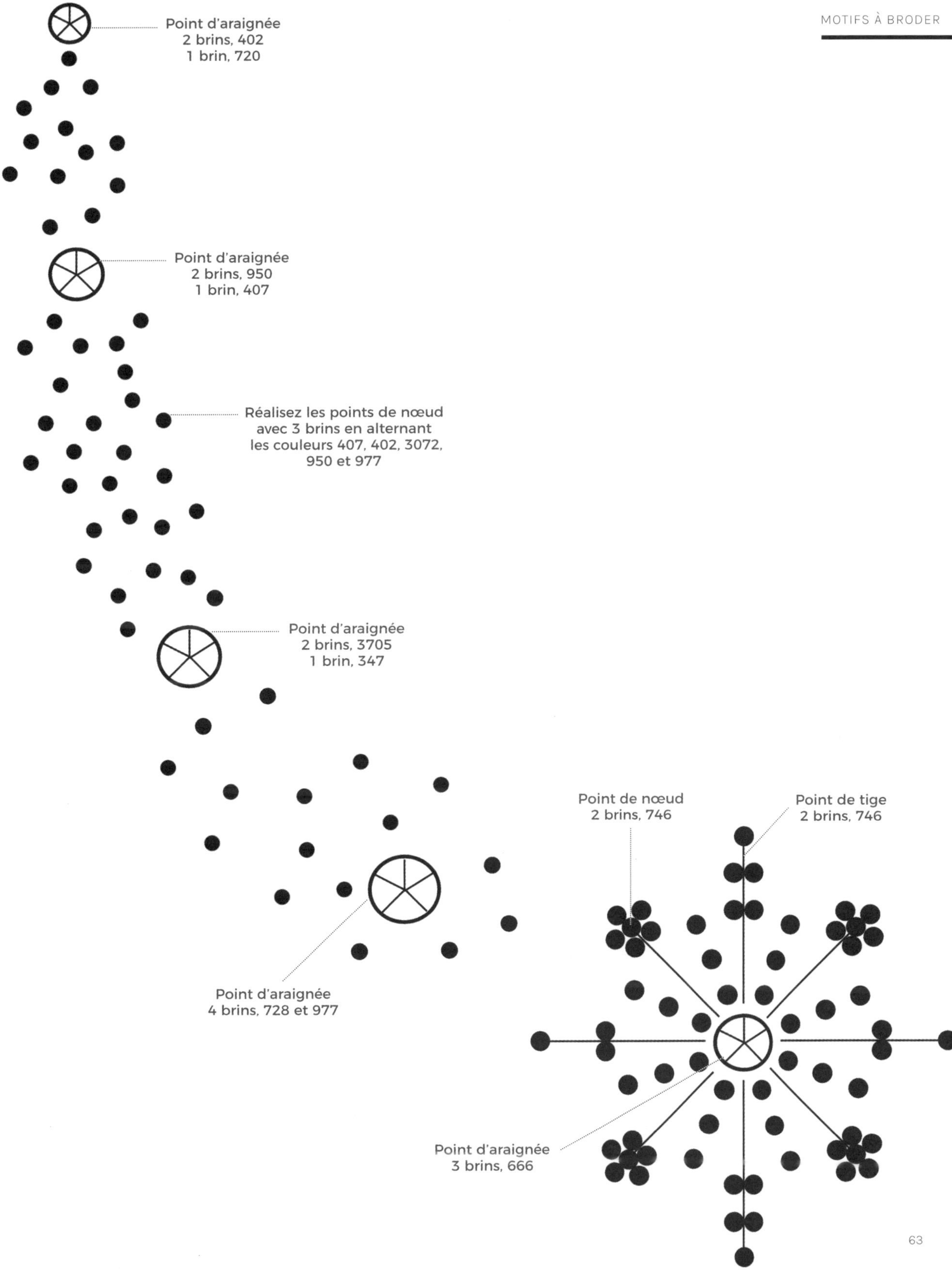
Point d'araignée
2 brins, 402
1 brin, 720
Point d'araignée
2 brins, 950
1 brin, 407
Réalisez les points de nœud
avec 3 brins en alternant
les couleurs 407, 402, 3072,
950 et 977
Point d'araignée
2 brins, 3705
1 brin, 347
Point d'araignée
4 brins, 728 et 977
Point de nœud
2 brins, 746
Point de tige
2 brins, 746
Point d'araignée
3 brins, 666

LOVERS

PHOTO
PAGE 30

Point arrière
Passé empiétant
Point de tige
Passé empiétant
Point de Boulogne
Passé empiétant
Point de tige
Passé plat
Point de tige de remplissage
Point de tige
love
Point de tige 1 brin, 304
Point de tige
Passé plat
Point arrière
XOXO
Point de chaînette
Point arrière
Point de tige de remplissage

PETIT COURS DE BRODERIE

Pour débuter la technique de la broderie, il n'y a que quelques règles de base à acquérir : la façon de séparer des fils, d'enfiler une aiguille, de commencer et de terminer une broderie, les différentes manières de reporter un motif sur le tissu... Une fois ces techniques simples acquises, vous pourrez tout broder !

SÉPARER LES BRINS

Certains fils à broder, comme le coton à broder mouliné, sont composés de 6 brins et ne s'emploient pas forcément tels quels. Les explications de broderie indiquent le nombre de brins à employer.
Cependant, si votre motif est grand ou si votre tissu est très épais, vous pouvez choisir de broder avec quatre ou six brins. Pour vous assurer du résultat, faites quelques points en échantillon. À l'inverse, si vous désirez un motif très fin et discret, brodez avec un seul brin.
Si vous brodez avec deux brins, ce qui est le plus courant, coupez une longueur de fil de 30 cm environ. Placez le centre du fil entre le pouce et l'index et tournez dans le sens inverse de la torsion du fil. Les six brins se séparent naturellement.
Prenez le nombre de brins désiré dans une main, le reste dans l'autre, et tirez doucement. Ensuite, lâchez les extrémités et continuez à tirer jusqu'à ce que les brins soient séparés.

PRÉPARER UNE AIGUILLÉE

Enfiler une aiguille

Les fils sont plus ou moins faciles à enfiler dans le chas d'une aiguille en fonction de la fibre qui les compose. Pliez en deux sur 2 cm l'extrémité du fil en le mettant à cheval sur l'aiguille. Marquez la pliure. Présentez le pli du fil devant le chas de l'aiguille puis poussez délicatement pour l'introduire dans le chas. Attrapez la boucle de fil et tirez.
Astuce : cette technique vaut pour enfiler toutes les aiguilles... même en couture !

Commencer une aiguillée

En principe, il ne faut jamais commencer un point de broderie par un nœud.
Au fur et à mesure de la réalisation, ces derniers forment des reliefs au dos de l'ouvrage et peuvent marquer la surface du tissu. De plus, les nœuds ne sont pas très solides et, sur les ouvrages souvent manipulés, ils se défont facilement.
Piquez l'aiguille dans la toile et laissez pendre au dos de l'ouvrage 3 à 4 cm de fil. Réalisez les 3 ou 4 premiers points. Sur l'envers de la broderie, enfilez le fil flottant sur une autre aiguille et glissez-le sous ces premiers points. Si vous brodez avec deux brins, pliez en deux une longueur de fil et enfilez les deux extrémités sur une aiguille ; piquez dans la toile de l'envers vers l'endroit, repiquez dans la toile de façon à faire un petit point droit et passez l'aiguille dans la boucle de l'aiguillée, au dos de l'ouvrage.

Terminer une aiguillée

Il ne faut jamais terminer une aiguillée par un nœud. Lors du dernier point, ressortez l'aiguille sur l'envers de l'ouvrage puis glissez-la sous 3 ou 4 points sans piquer dans la toile. Tirez sur l'aiguillée. Faites un point arrière en glissant à nouveau l'aiguille sous ces points. Coupez le fil au plus près de la toile.

Renforcer un motif

Si vous brodez un tee-shirt que vous allez porter régulièrement, les points et les nœuds peuvent au fur et à mesure des lavages avoir tendance à se défaire.
Pour éviter cela, vous pouvez, au dos de la broderie, coller un entoilage thermocollant fin. Suivez les indications du fabricant pour le poser.

CHOISIR L'EMPLACEMENT DU MOTIF

Il existe plusieurs façons de reporter un motif sur un tee-shirt, comme il existe plusieurs emplacements… sur la poitrine ou sur la manche comme un écusson, au milieu du tee-shirt devant ou derrière comme un marquage, sur le col comme un ruban, dans le dos comme un sweat US, comme un collier pour souligner un décolleté… Inspirez-vous des tee-shirts du photo book (voir pages 8 à 29) ou laissez parler votre imagination. Tout est permis !

JOUER AVEC LES MOTIFS

Agrandir ou réduire un motif

Tous les dessins de ce livre peuvent être brodés à taille réelle. Il suffit de les décalquer et de les reporter sur le tissu tels quels. Cependant, un motif peut tout à fait être réduit ou agrandi. Il suffit alors d'utiliser une photocopieuse jusqu'à trouver la bonne taille, puis de décalquer le motif suivant la méthode choisie. Il ne reste plus qu'à le broder en adaptant le nombre de fils de broderie nécessaires.

Composer un motif personnel

Avec les plus de 100 dessins de ce livre, vous pouvez assembler des motifs pour en créer de nouveaux, comme le crabe proposé page 61 associé au texte de la page 41. Rien de plus simple : décalquez le motif principal puis, grâce à la transparence du papier-calque, positionnez un nouveau motif ou un mot suivant ce que vous désirez. Décalquez et reportez le motif sur le tissu selon la méthode choisie.

Créer un mot ou une phrase

Avec les abécédaires en majuscules et en minuscules des pages 38 et 39, vous pouvez facilement créer un mot ou une phrase. Sur une feuille de papier-calque, tracez une ligne droite qui vous servira de guide. Décalquez les lettres les unes à côté des autres en les plaçant sur la ligne et en respectant le même espace entre les lettres. Quand la composition vous convient, décalquez-la et reportez-la sur le tissu suivant la méthode choisie.

Astuce : nous avons brodé l'abécédaire avec plusieurs points fantaisie. Pour broder un mot ou une phrase, il vaut mieux utiliser des points de ligne, comme le point de tige, le point arrière ou le point avant. La broderie sera plus facile à réaliser… mais attention, tout est permis ! Faites comme vous voulez !

UTILISER UN TAMBOUR

Le tambour est un outil indispensable, il est composé de deux cercles en bois ou en plastique et d'une vis montée sur le cercle extérieur pour ajuster la tension du tissu.
Il permet d'obtenir des points réguliers et de ne pas déformer le tissu. Veillez à ce que le tissu soit tendu, mais pas trop quand même. Si vous tendez trop le tissu extensible d'un tee-shirt, la broderie risque d'être déformée et de faire des plis peu esthétiques une fois le tambour retiré. Faites quelques points d'essai pour vous assurer de la bonne tension du tissu avant de vous lancer dans toute la broderie.

Préparer le tambour

Il est parfois nécessaire de préparer le tambour pour ne pas abîmer un tissu fin. Dévissez un peu la vis du tambour et séparez le cercle extérieur du cercle intérieur. Découpez deux ou trois bandes de papier de soie et enroulez-les soigneusement en biais autour des cercles. Cette astuce permet de ne pas marquer le tissu.

Broder avec un tambour

Dévissez un peu la vis du tambour et séparez le cercle extérieur du cercle intérieur. Posez le cercle intérieur sous le tissu puis placez la seconde partie du tambour sur la toile et appuyez légèrement sur le cercle extérieur pour que les deux parties s'ajustent. Resserrez la vis en veillant à ce que le tissu soit bien tendu. Quand vous avez fini de broder, en fin de journée, desserrez la vis pour ne pas marquer le tissu.

FOURNITURES ET MATÉRIEL

Pour débuter ce type de broderie, le plus important c'est le **tee-shirt**. Choisissez-le de bonne qualité, épais, avec une trame assez dense et qui ne se déformera pas au premier lavage.

Vous n'aurez pas besoin de beaucoup de matériel et de fournitures :

- des tambours de tailles différentes pour s'adapter aux dimensions des motifs,
- une paire de ciseaux de couturière et une paire de ciseaux de brodeuse, pointus et très fins pour couper très soigneusement,
- des échevettes de coton à broder de toutes les couleurs...
- des aiguilles à broder,
- des crayons à papier pour reporter les motifs sur le tissu, ou un crayon effaçable à l'air,
- des cartonnettes pour ranger et stocker dans les meilleures conditions les fils à broder,
- et, parce qu'on aime bien les gadgets... un enrouleur de cartes !

PETITE CONCLUSION

Vous avez désormais les clés pour vous lancer et broder en toute sérénité les motifs de cet ouvrage. À noter que les indications présentes sur certaines pages sont là pour vous guider et vous donner de l'inspiration mais ne vous fixez pas de limite, libre à vous d'adapter les points, le nombre de brins ou les coloris que vous souhaitez utiliser. Enfin, ne perdez pas de vue que l'objectif premier c'est de prendre du plaisir à voir se transformer sous vos mains de vieux basiques de votre garde-robe !

3346

ABCDEFG
HIJKLMN
OPQRST
UVWXYZ
605

Point avant

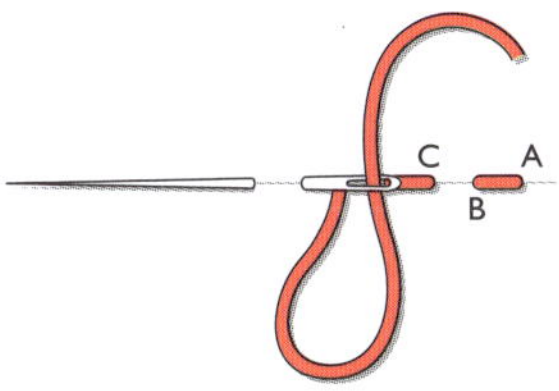

Ce point sert à réaliser des lignes droites ou incurvées. Les points doivent être réguliers, de la même longueur que les espaces qui les séparent. Brodez de droite à gauche. Sortez l'aiguille en A sur l'endroit du tissu.
Piquez en B et sortez l'aiguille en C, de manière à former un petit point. Répétez.

Point arrière

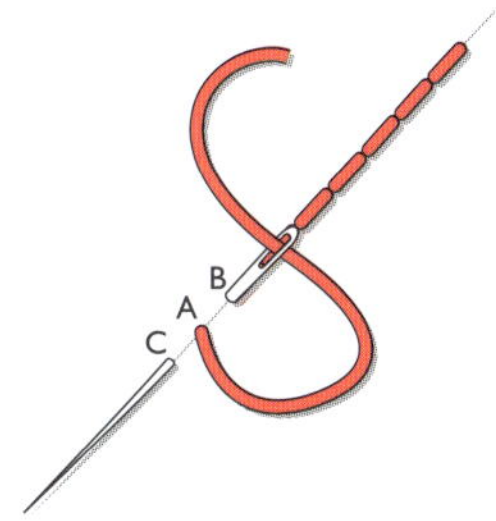

Ce point sert à broder des lignes droites ou incurvées et des petits détails. Brodez de droite à gauche. Sortez l'aiguille en A sur l'endroit du tissu.
Piquez en B, derrière le point A, et sortez l'aiguille en C, devant le point A, à la même distance de A que le point B, pour que tous les points aient la même longueur.
Répétez le nombre de fois voulu.

Point de tige

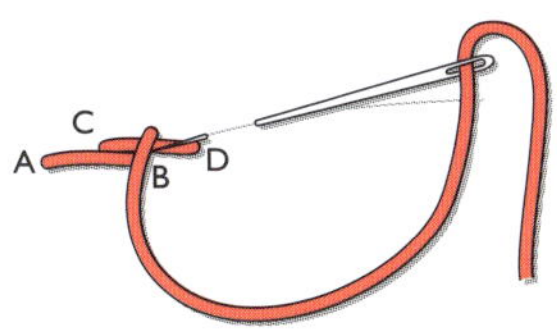

Ce point sert souvent à réaliser des lignes droites ou des lignes incurvées comme les tiges de fleur.
Sortez l'aiguille en A sur l'endroit du tissu.
Piquez en B et sortez l'aiguille en C, à mi-chemin entre A et B. Piquez en D et ressortez l'aiguille à côté du point B, au- dessus du tracé. Répétez.

Point de bouclette

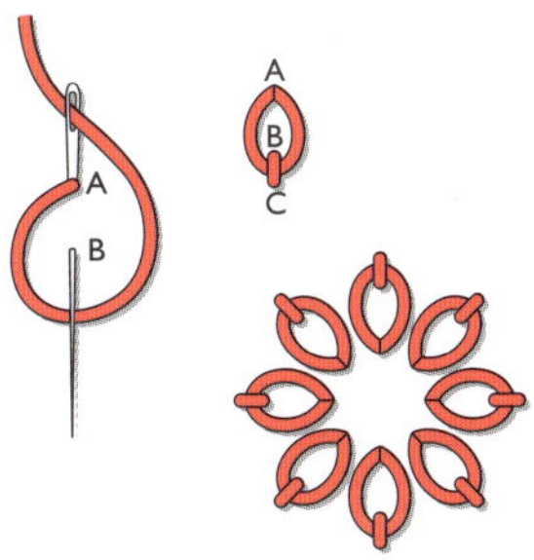

Ce point s'utilise seul ou en groupes, en particulier pour broder des motifs comme les fleurs.
Sortez l'aiguille en A sur l'endroit du tissu.
Formez une boucle sous le point A, dans le sens inverse des aiguilles d'une montre. Repiquez en A et sortez l'aiguille en B, à l'intérieur de la boucle. Piquez en C et faites un petit point sur la boucle (ou un point plus long, pour former une tige).

Point de nœud

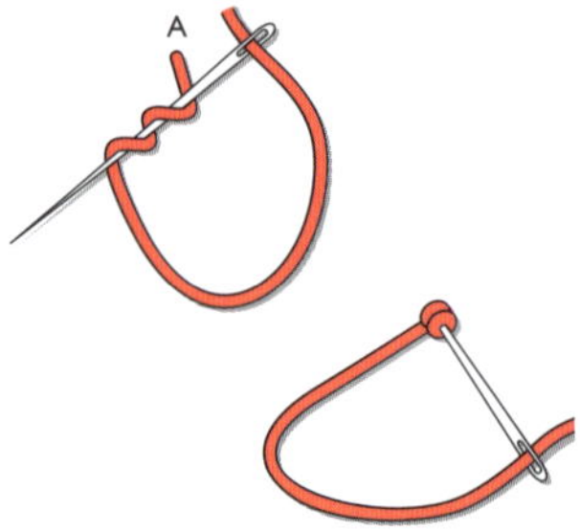

Ce point en relief peut s'employer seul ou comme point de remplissage.
Sortez l'aiguille en A sur l'endroit du tissu. Tenez le fil entre le pouce et l'index de la main gauche et enroulez-le une ou deux fois autour de l'aiguille. Sans lâcher le fil, piquez près du point A et placez les boucles près du tissu.
Maintenez la spirale en place avec le pouce et tirez sur l'aiguille, sur l'envers du tissu.

Point d'araignée

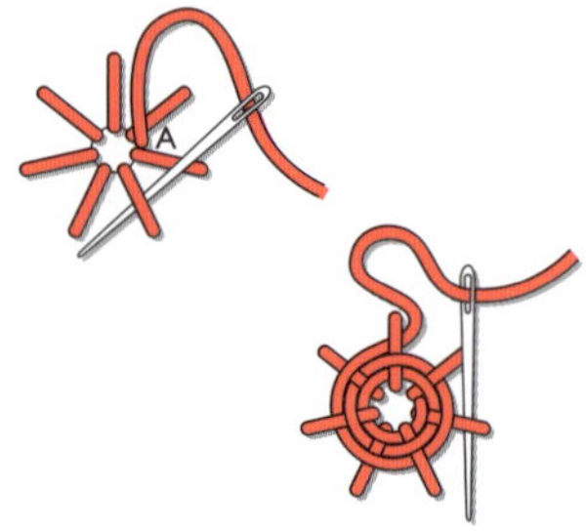

Ce point sert à broder des petits cercles en relief. Tracez sur le tissu un cercle entouré de rayons.
Faites un point droit sur chacun des rayons, en allant de l'extérieur vers le centre du cercle. Sortez l'aiguille en A. Glissez-la sous le premier rayon, revenez en arrière et glissez-la sous le premier et le deuxième rayon, sans piquer dans le tissu. Revenez sur le deuxième rayon, puis glissez l'aiguille sous le deuxième et le troisième rayon. Continuez de la même manière pour recouvrir les points droits. Pour terminer, piquez sous le dernier tour et rentrez le fil sur l'envers du travail.

Passé empiétant

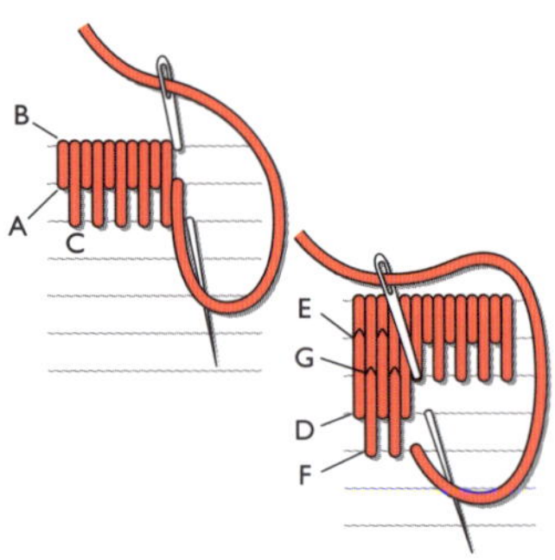

Ce point crée un subtil effet de tissage. Pour une grande surface, tracez des lignes parallèles. Travaillez de gauche à droite et de haut en bas.
Sortez l'aiguille en A sur l'endroit du tissu. Piquez en B et sortez l'aiguille en C. Continuez en alternant un point court et un point long jusqu'à la fin du rang. Faites des points parallèles, assez serrés pour que le tissu ne se voie pas entre les points. Pour commencer le rang suivant, sortez l'aiguille en D et piquez en E, sous le premier point du rang précédent. Faites de longs points jusqu'à la fin du rang. Brodez les rangs suivants avec de longs points et terminez par un rang constitué de points courts et longs.

Point de chaînette

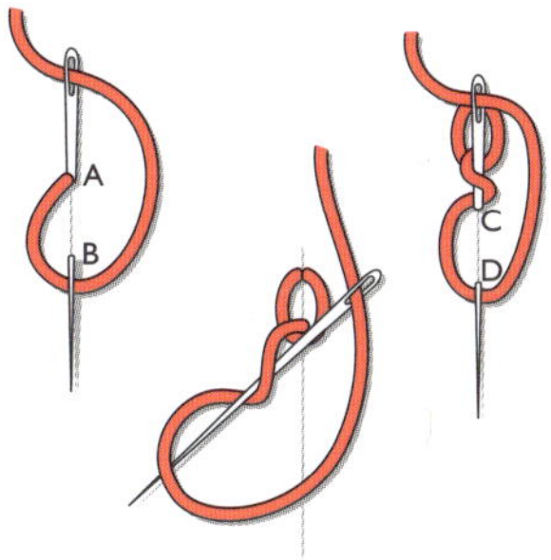

Ce point sert à broder des lignes épaisses, droites ou incurvées, et se brode de haut en bas.
Sortez l'aiguille en A sur l'endroit du tissu. Repiquez en A et sortez l'aiguille en B, dans la boucle formée par le fil.
Repiquez en B et sortez l'aiguille dans la boucle. Continuez toujours ainsi et terminez par un petit point sur la dernière boucle.

Passé plat

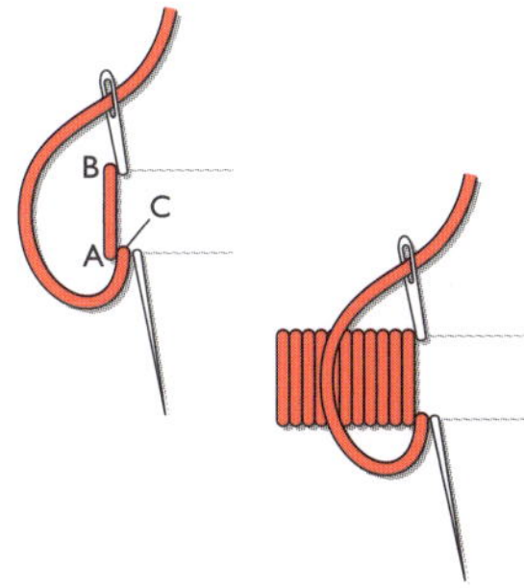

Ce point peut se broder verticalement ou horizontalement.
Travaillez de gauche à droite.
Sortez l'aiguille en A sur l'endroit du tissu. Piquez en B et sortez en C, près du point A pour bien couvrir le tissu.
Continuez de la même façon, en faisant des points serrés et parallèles dont les extrémités forment deux lignes continues.

Point lancé

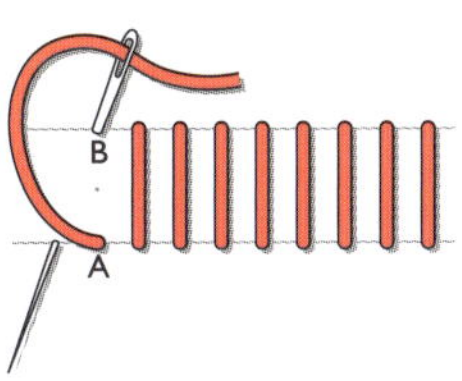

Ce point sert à broder des lignes droites assez courtes et des motifs opaques. Vous pouvez broder de gauche à droite ou de droite à gauche. Sortez l'aiguille en A sur l'endroit du tissu et piquez au-dessus en B. Continuez de la même façon en faisant des points réguliers et en piquant toujours dans le même sens.

Point d'arête

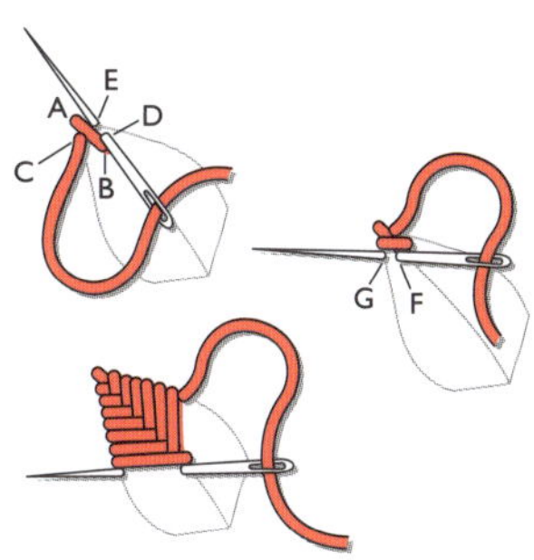

Ce point de remplissage dense sert à broder les bordures et les feuilles. Brodez de haut en bas ou en partant de la pointe du motif. Reportez sur le tissu les contours du motif à broder. Sortez l'aiguille en A sur l'endroit du tissu. Piquez en B et sortez l'aiguille en C, au bord du motif. Piquez en D en empiétant légèrement sur le premier point et sortez en E, sur le bord opposé du motif. Piquez en F, en empiétant légèrement sur le dernier point réalisé, et sortez en G pour compléter le premier point d'arête. Continuez en piquant alternativement de chaque côté du motif.

Point de feston/de grébiche

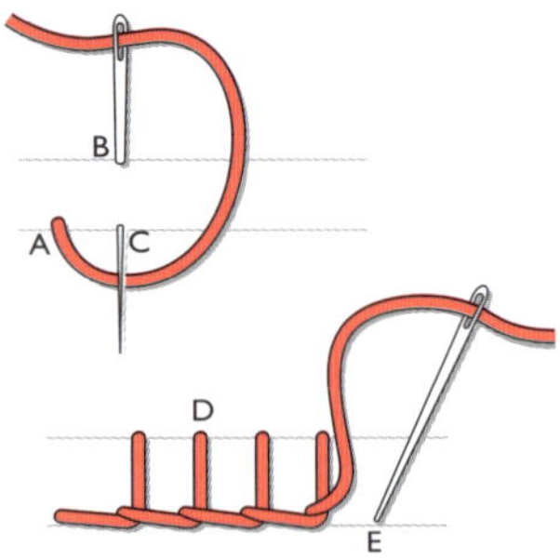

Espacez les points verticaux selon l'effet voulu et faites-les de la même longueur. Sur trame régulière, brodez sur un nombre de fils identique. Sur toile simple, brodez en suivant deux lignes parallèles. Travaillez de gauche à droite. Sortez l'aiguille en A sur l'endroit (au bord de l'ouvrage si vous brodez une lisière). Piquez en B et sortez l'aiguille en C (près de la lisière), en faisant passer le fil sous la pointe de l'aiguille. Piquez en D et répétez l'opération. Pour terminer, piquez en E.

Point de roue festonnée

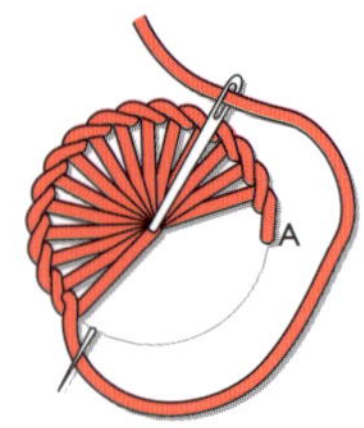

Ce point sert principalement à broder des fleurs. Reportez sur le tissu le cercle et son centre. Sortez l'aiguille en A sur l'endroit du tissu, au bord du cercle. Piquez au centre du cercle et sortez l'aiguille sur son bord en faisant passer le fil sous sa pointe. Répétez en allant dans le sens inverse des aiguilles d'une montre et en espaçant régulièrement les points. Pour terminer, passez sous le premier point du bord du cercle, du bord vers le centre, et piquez au centre.

Point de sable

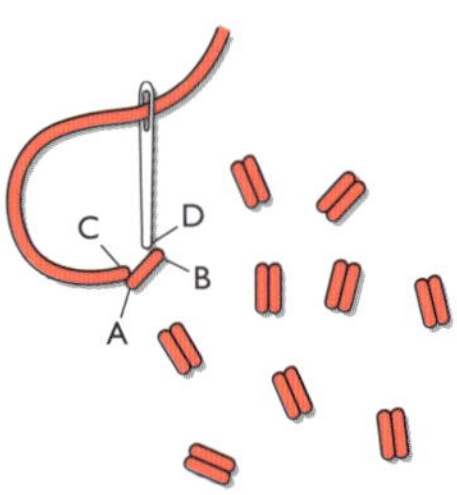

Ce point peut s'utiliser comme point de remplissage et se brode souvent en semis irrégulier. Il est toujours constitué de deux points arrière assez courts. Sortez l'aiguille en A sur l'endroit du tissu. Piquez en B et sortez l'aiguille en C, près du point A. Piquez en D pour compléter le point.

Point de poste

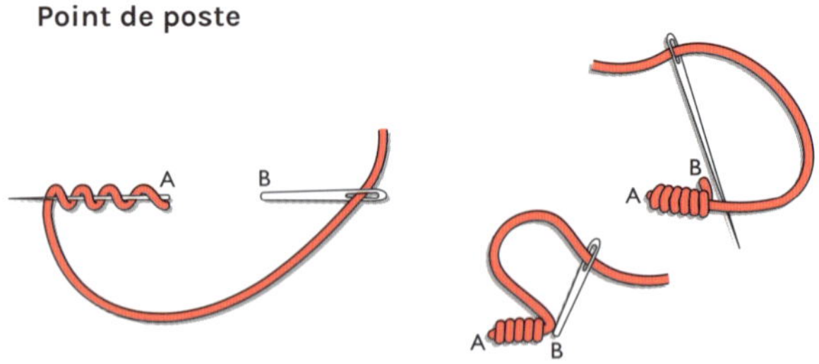

Ce point s'emploie seul, en point de remplissage ou en ligne continue, pour former une ligne en relief. Il est couramment utilisé pour broder des roses ouvertes ou en bouton et se brode plus facilement avec une aiguille chenille. Sortez l'aiguille en A sur l'endroit du tissu. Piquez en B, à l'autre extrémité du point, et faites à moitié ressortir l'aiguille en A, sans fendre le fil. Enroulez le fil cinq ou six fois autour de la pointe de l'aiguille. Faites glisser les boucles près du tissu, maintenez-les en place et tirez l'aiguille à travers le tissu et la spirale en fil. Tirez sur l'aiguille pour coucher la spirale sur le tissu, puis égalisez la surface du point à l'aide de la pointe de l'aiguille. Repiquez en B.

Point de couchure

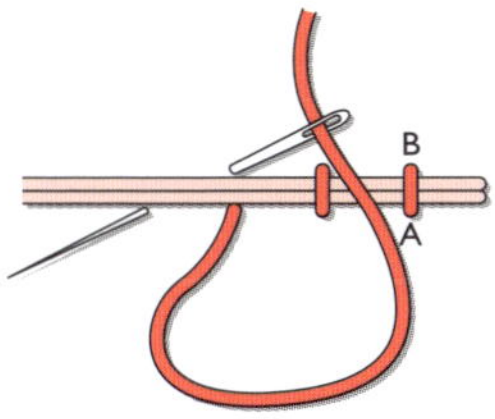

Ce point se brode de droite à gauche. Faites sortir le fil de base sur l'endroit du tissu et posez-le sur le tracé. Faites sortir le fil de maintien sur l'endroit du tissu, en A, sous le fil couché et près d'une de ses extrémités. Piquez en B, juste au-dessus de la couchure et du point A, et sortez l'aiguille au-dessous. Continuez en espaçant régulièrement les points. Pour terminer, rentrez l'extrémité du fil couché sur l'envers du tissu.

Passé plat remordu

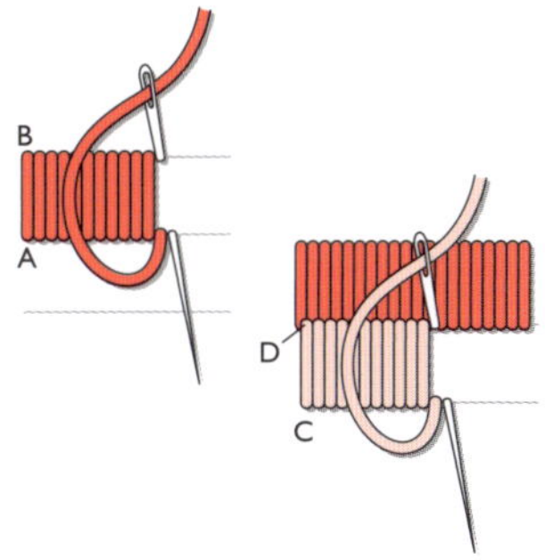

Ce point sert à couvrir les surfaces trop grandes pour être brodées au passé plat. Il peut être réalisé avec des fils de différentes couleurs. Pour un résultat parfait, tracez les bords de chaque rang sur le tissu. Travaillez de gauche à droite. Sortez l'aiguille en A sur l'endroit du tissu. Piquez en B et sortez l'aiguille près du point A, pour bien couvrir le tissu. Continuez de la même manière jusqu'à la fin du rang, en faisant des points parallèles et serrés dont les extrémités forment des lignes continues. Pour commencer le rang suivant, sortez l'aiguille en C et piquez en D, entre deux points du rang précédent.

Point de Boulogne

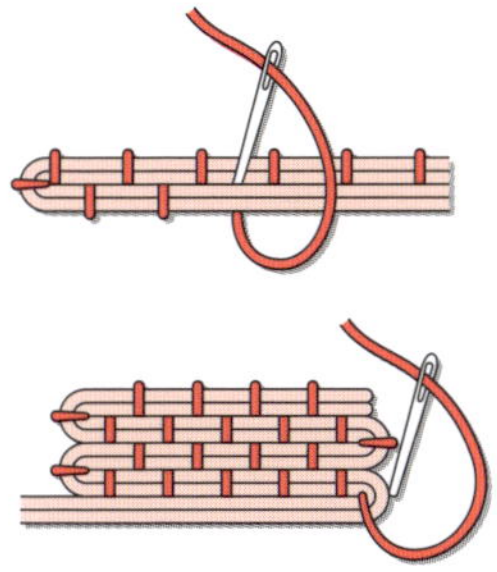

Brodez en suivant des lignes parallèles tracées. Commencez en haut à droite de la zone voulue et travaillez en aller et retour. Faites sortir le fil de base sur l'endroit du tissu et posez-le sur le tracé. Faites sortir le fil de maintien sur l'endroit du tissu, sous le fil couché, près d'une de ses extrémités, puis faites des points de maintien en suivant le tracé. Pour revenir en sens inverse, pliez le fil couché pour le placer le long du premier rang et faites un point de maintien horizontal sur l'angle. Tournez le tissu à 180 ° et continuez en faisant les points à mi-chemin entre ceux du rang précédent.

Point avant rebrodé

Ce point se brode de droite à gauche, avec des fils de couleurs contrastées, sans piquer dans le tissu. Brodez un rang au point avant. Changez pour une aiguille à tapisserie. Faites sortir un fil de couleur contrastée sous le premier point avant. Glissez l'aiguille sous chaque point, en alternant les passages de bas en haut et de haut en bas, sans piquer dans le tissu. Pour terminer, piquez au-dessus ou sous le dernier point du rang et rentrez le fil sur l'envers du travail.

Amoureuse

PARTENAIRES

Un grand merci à nos deux partenaires pour leur soutien et leur réactivité de tous les instants.

DMC France

C'est la marque incontournable des loisirs créatifs textiles, qui propose la plus grande sélection de fils de broderie. Avec plus de 500 références, il est impossible de ne pas trouver la nuance de son choix. Toutes les créations présentées dans cet ouvrage ont été réalisées avec le mouliné spécial. Vous pourrez aussi retrouver sur leur site et en mercerie tout le matériel nécessaire pour vos réalisations : fils et aiguilles, mais aussi ciseaux, tambours, feutres, enrouleurs de fil, papier transfert...
dmc.com
@dmc_france

La Redoute

Leader du style à la française de la mode femme, homme, enfant et maison, La Redoute propose ses collections en points de vente et sur son site laredoute.fr. Vous y trouverez notamment tous les tee-shirts brodés dans cet ouvrage. Qu'ils soient à col rond, col en V ou dos nu, ce sont d'excellents basiques pour broder. Vous pourrez également y retrouver tous les éléments qui ont servi au stylisme : jupes, pantalons, accessoires et bijoux.
Laredoute.fr
@laredoute

REMERCIEMENTS

Le premier remerciement revient tout naturellement à Pascale, mon éditrice adorée qui ne cesse de me challenger en proposant des projets toujours plus excitants les uns que les autres. Quel plaisir de travailler à tes côtés, merci pour tes idées, tes conseils, ton travail de titan. Ce livre, c'est aussi le tien.

Merci aux brodeuses qui m'ont accompagnée sur ce projet, que ce soit pendant la réalisation des broderies ou durant nos nombreuses réunions de travail. Marine et Chloé, vous avez des doigts de fée, et je suis ravie qu'ils aient servi à sublimer cet ouvrage. Un grand BRAVO pour vos belles créations et un grand MERCI pour votre patience ! Françoise, merci d'être toujours là pour me venir en aide, je suis ravie que tu aies contribué à ces belles broderies. Bérangère, je te remercie également pour ta relecture si précieuse.

Un très grand merci à Thémis pour avoir donné vie à mes envies de motifs. Merci pour ta patience et ton superbe travail ! Tous ces motifs sont canons, peut-être arriverons-nous un jour à tous les broder !

Merci à Alice, notre mannequin, pour avoir osé poser en petites manches par temps - très - froid.

Merci à mes deux photographes si fidèles eux aussi : Clara et Richard. Nos journées shooting sont toujours un véritable régal.

Merci à Muriel pour le graphisme du livre.

Merci à Charline de chez DMC qui suit l'aventure Seize depuis le début. Merci pour ta fidélité et ton enthousiasme de tous les instants.

Merci à Anne-Sophie et Anne-Lise, aux manettes de la communication chez La Redoute, pour leur confiance et leurs bonnes *vibes*. Voici un nouveau projet que je suis si heureuse de partager avec vous !

Enfin, je tiens à remercier tous ceux qui sont venus s'initier en atelier, je vous attends sur ce nouveau défi et j'ai hâte de voir vos réalisations !

Merci à Graine Créative qui a fourni les feuilles de papier magique.

GRAINE CREATIVE
ON A TOUS DU TALENT

Seize paris
www.seizeparis.com

@seize.paris seizeparis

Édité par Hachette livre
(58, rue Jean-Bleuzen - 92178 Vanves Cedex)

Mise en pages : Muriel Bétrancourt
Dessins : Thémis Cauvin
Réalisations des broderies : Marine Duteil et Chloé Brunet
Relecture et adaptation : Dominique Montembault
Stylisme : Claire Chicoine
Mannequin : Alice Von Marcke de Lummen
Les photographies de la page 7 ont été réalisées par Corinne Jamet.

Dépôt légal : août 2022
978-2501-17264-6
5726145

Imprimé en Chine par Toppan.